A ARGÜIÇÃO DE DESCUMPRIMENTO DE PRECEITO FUNDAMENTAL NO CONTEXTO DO CONTROLE DA CONSTITUCIONALIDADE

MARCO AURÉLIO PAGANELLA

Natural de Esmeralda — RS.
Bacharel em Direito pela UNISA — Universidade de Santo Amaro — São Paulo/SP. Assistente em Direito Constitucional na UNISA — Universidade de Santo Amaro — São Paulo/SP. Membro do Escritório Tancredo Advogados Associados — São Paulo/SP.
Pós-graduando em Direito Constitucional e Tributário pelo CEU — Centro de Extensão Universitária — São Paulo/SP.

A ARGÜIÇÃO DE DESCUMPRIMENTO DE PRECEITO FUNDAMENTAL NO CONTEXTO DO CONTROLE DA CONSTITUCIONALIDADE

Ao estimado Primo-irmão,
Dr. Fabio Paganella,
Grato pelo carinho e atenção,
com respeito e consideração
M Paganella
DEZ/2004

EDITORA
LTr
SÃO PAULO

Dados Internacionais de Catalogação na Publicação (CIP)
(Câmara Brasileira do Livro, SP, Brasil)

Paganella, Marco Aurélio

A argüição de descumprimento de preceito fundamental no contexto do controle da constitucionalidade / Marco Aurélio Paganella. — São Paulo : LTr, 2004.

Bibliografia.

ISBN 85-361-0617-4

1. Brasil — Direito constitucional 2. Controle da constitucionalidade das leis 3. Descumprimento 4. Preceito I. Título.

04-6490 CDU-342(81)

Índice para catálogo sistemático:

1. Brasil : Preceito fundamental : Descumprimento : Controle da constitucionalidade : Direito constitucional 342(81)

Contato com o Autor:

paganella@tancredoadvogados.com.br
www.tancredoadvogados.com.br

(Cód. 3009.7)

LTr

EDITORA LTDA.

Rua Apa, 165 — CEP 01201-904 — Fone (11) 3826-2788 — Fax (11) 3826-9180
São Paulo, SP — Brasil — www.ltr.com.br

Novembro, 2004

A todos da família Sganzerla-Paganella,
especialmente aos meus pais Luizinha e Gerpes,
pelos significativos e marcantes exemplos
de vida, de virtude e de abnegação.

Ao Paulo Gilberto Sganzerla, o 'Tio Paulo',
pela alegria eternamente contagiante.

AGRADECIMENTOS

A Universidade de Santo Amaro — UNISA —, como Instituição.

Aos Professores Adolfo, Sávio, José Rubens, Elon e Lúcia, e a todos os docentes, funcionários e amigos ligados à Faculdade de Direito da Universidade de Santo Amaro.

Ao Prof. Milton, ao Prof. Casal e a todos os professores, alunos, funcionários e amigos vinculados à Faculdade de Educação Física da Universidade de Santo Amaro.

Ao Prof. Hélio, extensivo a todos os amigos e funcionários dos *Campi* da UNISA.

A todos da família Sganzerla-Paganella.

À Marinan, à Antonella, ao Damasceno, ao Cristiano e a todos os amigos e colegas da Faculdade de Direito da Universidade de Santo Amaro.

Ao Lawrence, ao Marlon e a todos os amigos do Escritório Tancredo Advogados Associados.

A todos os amigos do Clube Helvétia.

A todos os amigos do Instituto Brasileiro de Direito Constitucional — IBDC.

Aos professores Ives, André e Alexandre e a todos os amigos do Centro de Extensão Universitária — CEU.

A todos os amigos da minha cidade natal — Esmeralda/RS —, e em especial a todos os professores que, de uma forma ou de outra, contribuíram para minha formação.

Ao Orlando, ao Vilson, ao Flávio, ao Celso, ao João, ao Sérgio, à Nair, à Denise, à Maria, ao Paulo, ao Santo, ao Ivan, ao Cury, ao Marcondes, ao Toschi, ao André, ao "Seu" Antonio — em extensão a todos os seus respectivos familiares — e a todos os que me querem bem, torcem por mim, estão sempre ao meu lado e/ou me auxiliam de uma forma ou de outra em todos os intentos.

Ao *Criador*, pelo dom da vida, da alegria, do otimismo e da perseverança.

SUMÁRIO

LISTA DE ABREVIATURAS

a.C.	—	antes de Cristo
ADCT	—	Ato das Disposições Constitucionais Transitórias
Adecon	—	Ação Declaratória de Constitucionalidade
ADECon	—	Ação Declaratória de Constitucionalidade
ADECON	—	Ação Declaratória de Constitucionalidade
Adin	—	Ação Direta de Inconstitucionalidade
ADIn	—	Ação Direta de Inconstitucionalidade
ADIN	—	Ação Direta de Inconstitucionalidade
Adino	—	Ação Direta de Inconstitucionalidade por Omissão
ADInO	—	Ação Direta de Inconstitucionalidade por Omissão
ADINO	—	Ação Direta de Inconstitucionalidade por Omissão
Adint	—	Ação Direta de Inconstitucionalidade Interventiva
ADInt	—	Ação Direta de Inconstitucionalidade Interventiva
ADINT	—	Ação Direta de Inconstitucionalidade Interventiva
adpf	—	argüição de descumprimento de preceito fundamental
Adpf	—	Argüição de descumprimento de preceito fundamental
ADPF	—	Argüição de Descumprimento de Preceito Fundamental
AGU	—	Advocacia Geral da União
AI	—	Ato Institucional
AI's	—	Atos Institucionais
art.	—	artigo
Art.	—	Artigo
cf.	—	*confer* — 2ª pessoa do singular do imperativo afirmativo de *conferre* (confere, compara)
CF	—	Constituição Federal da República Federativa do Brasil
CF/88	—	Constituição Federal da República Federativa do Brasil de 1988
CFOAB	—	Conselho Federal da Ordem dos Advogados do Brasil

CFOAB — Conselho Federal da Ordem dos Advogados do Brasil
CPC — Código de Processo Civil
d.C. — depois de Cristo
Dec. — Decreto
Dec.-Lei — Decreto-Lei
Des. — Desembargador
DJ — Diário da Justiça
DJU — Diário Oficial da Justiça da União
DL — Decreto-Lei
DOU — Diário Oficial da União
EC — Emenda Constitucional
E/C — Emenda Constitucional
e. g. — *exempli gratia* (por exemplo)
HC — *Habeas Corpus*
HD — *Habeas Data*
i. e. — *id est* (isto é)
i. é — isto é
INSS — Instituto Nacional da Seguridade Social
Jur. — Jurisprudência
Jurispr. — Jurisprudência
Legisl. — Legislativo
LA — Lei da Argüição
L. A. — Lei da Argüição
LC — Lei Complementar
LICC — Lei de Introdução ao Código Civil
Min. — Ministro
Min.-Rel. — Ministro-Relator
MI — Mandado de Injunção
MP — Med. Prov.
MP — Medida Provisória
MP — Min. Púb.
MP — Ministério Público
MS — Mandado de Segurança
obs. — observação
Obs. — observação

op. cit. — *opus citatum* (obra citada) ou *opere citato* (na obra citada)
Op. cit. — *opus citatum* (obra citada) ou *opere citato* (na obra citada)
p. — página
pág. — página
págs. — páginas
p. ex. — por exemplo
P. ex. — por exemplo
P-GR — Procurador-Geral da República
Rcl. - Reclamação
Rel. — Relator
RE — Recurso Extraordinário
REsp — Recurso Especial
RTJ — Revista Trimestral de Jurisprudência
s — seguinte
s. — seguinte
ss — seguintes
ss. — seguintes
sic! — citação latina que indica que a expressão ou a grafia é daquela forma mesmo, não obstante a surpresa que causa por estar realmente escrito(a) daquele modo
STF — Supremo Tribunal Federal
STJ — Superior Tribunal de Justiça
TFR — Tribunal Federal de Recursos
TJ — Tribunal de Justiça
TRF — Tribunal Regional Federal
TSE — Tribunal Superior Eleitoral
v. g. — *verbi gratia* (por exemplo)
UNISA — Universidade de Santo Amaro
USP — Universidade de São Paulo

APRESENTAÇÃO

O livro de *Marco Aurélio Paganella* sobre a Lei n. 9.882/99, que regulou o § 1º do art. 102 da Constituição Federal, é de indiscutível utilidade, pois acrescenta à literatura jurídica didáticas reflexões sobre este novo veículo de controle da constitucionalidade.

Participei da Comissão de Juristas nomeada pelo Presidente Fernando Henrique para redação da referida lei. Foi presidida pelo saudoso Professor *Celso Bastos*, que, de rigor, sugerira ao Presidente a regulamentação do dispositivo constitucional introduzido pela EC n. 3/93.

Além do presidente (*Celso Bastos*) e do relator do anteprojeto (*Gilmar Mendes*), participaram da Comissão *Oscar Corrêa* e *Arnoldo Wald*, tendo sido proveitoso o debate, que, entre nós, antecedeu a elaboração do anteprojeto.

Complementa, a ADPF, o elenco dos veículos de controle concentrado, a saber: os dois tipos de ação direta de inconstitucionalidade (em face de ato normativo ou de omissão) e ação declaratória de constitucionalidade, esta também introduzida no sistema constitucional brasileiro pela EC n. 3/93.

Muitos pretendem ver, nesta nova forma, uma renovação das famosas avocatórias do tempo do regime de exceção, sem perceberem que, naquelas, os proponentes não estavam obrigados a justificar juridicamente o pedido, mas, apenas, a demonstrar a existência do relevante interesse público e a necessidade de provimento para evitar grave lesão ao Erário ou às instituições.

Na ADPF, não. O fundamento jurídico é o mais relevante, muito embora outros aspectos possam reforçar a justificativa de sua propositura, para que a Suprema Corte se manifeste, de forma definitiva — e a meu ver — vinculante.

De certa forma, tanto a ADPF como a ADC — cujo nome foi aproveitado, pelo hoje Ministro *Gilmar Mendes*, quando da elaboração do projeto da EC n. 3/93, de sugestão que eu apresentara, em artigo publicado no jornal "O Estados de S. Paulo", de um instrumento bem distinto da atual ADC — vieram fortalecer o controle concentrado de constitucionalidade, insuficientemente formulado pela Constituinte de 1988, conforme *Gilmar* e eu demonstramos, nos livros "Ações

Declaratórias de Constitucionalidade" e "Controle Concentrado de Constitucionalidade", ambos publicados pela Saraiva.

É, exatamente, a esta área — ainda de literatura jurídica insuficiente — que *Marco Aurélio Paganella*, que foi brilhante aluno no Centro de Extensão Universitária, dedica sua reflexão, doutrinária e pragmática, visto que seu estudo é voltado aos operadores de Direito, que se utilizam desse instrumental.

É interessante notar que, enquanto há mais de 3.000 ações diretas de inconstitucionalidade propostas junto ao Supremo Tribunal Federal, tanto a ADC quanto a ADPF têm sido pouco utilizadas, bastando lembrar que, no momento em que escrevo esta apresentação, o Supremo Tribunal Federal tinha recebido apenas 54 ações de descumprimento de preceito fundamental.

Alegra-me, pois, apresentar o bem colocado e prático estudo de *Marco Aurélio Paganella*, pois tenho certeza de que acrescentará à ainda pouca literatura a respeito, elementos que auxiliarão à conformação doutrinária e jurisprudencial definitiva do instituto.

São Paulo, 30 de junho de 2004.

Ives Gandra da Silva Martins
Professor Emérito da Universidade Mackenzie e da Escola de Comando e Estado Maior do Exército, Presidente do Conselho de Estudos Jurídicos da Federação do Comércio do Estado de São Paulo e do Centro de Extensão Universitária.

PREFÁCIO

A expressiva produção brasileira sobre controle de constitucionalidade das leis e atos normativos é forte indicativo tanto da importância que essa temática apresenta para o Direito em geral, como, também, do grau de amadurecimento que se revela na doutrina pátria. Pode-se justificar o insistente desenvolvimento do tema pela relação delicada que se encontra pressuposta na existência do controle jurisdicional da constitucionalidade da atividade legislativa, o que certamente aguça o interesse pelo seu enfrentamento teórico. Mas não é só. É na presença de um aparato (instrumental e institucional), destinado ao controle das leis, que se encontra penhorada a própria efetividade do dogma da supremacia constitucional e, com esta, dos direitos individuais, sociais, econômicos e coletivos fundamentais.

Em virtude da separação de "poderes" como princípio constitucional, a exata dimensão dessa possível atividade fiscalizadora deveria revestir-se de uma precisão quase "cirúrgica". Não é, contudo, o que ocorre no caso brasileiro, pois a Constituição de 1988 tratou com certa displicência do assunto, sem qualquer temor de que, com uma regulamentação pífia, pudesse haver um recrudescimento dos poderes do Parlamento. Felizmente não foi o que ocorreu, em boa medida em virtude da jurisprudência destemida e agregadora (de "poder") do Supremo Tribunal Federal.

Prova de que houve uma atenção menor do que a desejável sobre as particularidades e limites dessa função fiscalizadora, especialmente sobre o denominado controle abstrato-concentrado, está na presença, até 1999, do que se considerou um *enigma constitucional*, a Argüição de Descumprimento de Preceito Fundamental — ADPF. A perplexidade em face desse instituto justificou-se na medida em que era ele desconhecido na História constitucional pátria pretérita, bem como era — e ainda permanece sendo — ausente como referência paradigmática do Direito estrangeiro na atualidade, tendo sido a referência constitucional considerada como insuficiente para garantir concretude à ADPF. "Entendê-la (a ADPF) e compreendê-la, portanto, é uma tarefa necessária, do mesmo modo que contextualizá-la é, também, uma relevante e alvissareira empreitada", bem sintetiza o autor.

A agrura, contudo, é sentida não apenas por se tratar de um instituto alvissareiro, mas também pela complexidade notória do sistema brasileiro de controle da constitucionalidade, agravada pela insipidez constitucional mencionada. A inserção de uma nova ação direta cria uma certa "crise de espaço", que exige um trabalho acurado de fixação das balizas de cada um dos institutos destinados à mesma finalidade genérica de controle abstrato-concentrado da constitucionalidade das leis e, pois, impõe um amplo domínio técnico da engrenagem de enfrentamento das violações da Constituição.

Foi só em 1999 que surgiu a lei regulamentadora do instituto da ADPF, ao que se seguiram os primeiros estudos teóricos mais largos sobre esse novel instrumento. A complicação imposta pela novidade do instituto, bem como a necessidade de uma abordagem "historicamente neutra" desenharam nessa doutrina incipiente posições extremamente diversificadas e, em muitos casos, contraditórias, sobre significado, alcance e possibilidades da ADPF. Mas, basicamente, houve uma convergência em considerá-la uma medida provocativa do referido controle abstrato-concentrado (embora com alguns autores admitindo um *plus* ou um certo desvio em relação a essa possível incidência).

Aliando a importância do tema à necessidade de realizar o levantamento do estado da arte, *Marco Aurélio Paganella* procura, com maestria, oferecer ao leitor, apesar da dificuldade acima apresentada, o conhecimento pleno do instituto da ADPF, especialmente guiado pelo método dialético e sempre preocupado com o rigor científico que o enfrentamento científico de uma problemática implica. Pode-se afirmar que o estudo em causa tem firmes alicerces doutrinários, lapidado que é com muito zelo pelo autor.

A referência honesta que faz *Paganella* a sua participação ativa em congressos e seminários, em que se discutiu a temática de interesse desta obra ou nos quais estava presente algum dos autores da lei regulamentadora da ADPF, é uma demonstração do "grau de comprometimento" e do esforço para alcançar os objetivos aos quais se propôs. Foi, inclusive — vale fazer a referência — num desses congressos que pude conhecer, enquanto ainda graduando, o autor, um ouvinte já qualificado de minha palestra sobre ADPF e controle de constitucionalidade. Com grata satisfação pude reencontrá-lo, posteriormente, já como aluno do Curso de Pós-Graduação em Direito Constitucional, no Centro de Extensão Universitária de São Paulo e, ainda, com maior contentamento, assistir à publicação do que certamente será o primeiro de uma seqüência de estudos que enquanto dedicado estudioso realizará o autor.

O convite para redigir as primeiras linhas, a título de prefácio, é sempre recebido com um indisfarçável entusiasmo. Este é intensificado, no caso, pela constatação do sucesso que está encontrando *Paga-*

nella na sua atuação acadêmica, bem como pelo específico tema escolhido, cujo desenvolvimento tenho procurado acompanhar de perto. O desafio está em descrever a obra sem escrever outra e, ainda, sem surpreender o leitor com o "adiantamento" e a revelação dos segredos do trabalho, ou, o que seria pior, realizando uma caricatura inadequada e evasiva do conteúdo verdadeiro deste.

Assim, e considerando-se as limitações próprias de um prefaciador em sua função, ao lado da temática geral — desvendada acima — na qual se insere a presente obra e por esta enfrentada, cumpre destacar a estrutura do texto que ora se apresenta. Realiza-se nele uma decodificação de cada um dos termos empregados na norma-matriz da Constituição, com a seqüência de um estudo apurado dos dispositivos legais regulamentadores do processo e julgamento da ADPF. E, repita-se, tudo é executado com o apurado aporte teórico e referência à doutrina específica acerca do assunto. Sim, porque o autor procura realizar o mapeamento das divergências sobre os principais tópicos necessários à implementação prática da ADPF, conduzindo com segurança o leitor pelo caminho sinuoso que é preciso percorrer para a compreensão do instituto.

Nessa medida a obra é, indubitavelmente, uma tentativa de permitir que a medida em questão possa, finalmente, alcançar a efetividade que dela se espera na tutela da ordem constitucional brasileira. Isso significará, em última análise, como bem explicita o autor, a proteção do próprio Estado Constitucional de Direito.

André Ramos Tavares

Professor-Doutor da PUC/SP. Livre-Docente pela USP.
Coordenador do Curso de Pós-Graduação em Direito Constitucional do CEU/SP. Titular da Academia Paulista de Letras Jurídicas.
Conselheiro da Federação do Comércio do Estado de São Paulo.

"Bem-aventurados os que têm fome e sede de justiça,
porque serão fartos."

(Mt. 5, 6)

"Tende fé em Deus! Em verdade vos digo:
Se esse alguém disser a esse monte —
levanta-te e lança-te ao mar —
e não hesitar em seu coração,
mas crer que o que pede vai acontecer,
assim lhe será feito."

(Mc. 11, 22-23)

"Tudo posso naquele que me fortalece."

(Fp. 4, 13)

I — INTRODUÇÃO

1. Apresentação

A freqüente remissão à história pode ser considerada como uma atitude e um procedimento deveras substantivo a todas as pessoas, quer seja na vida pessoal/privada, quer seja no que concerne ao enfoque profissional. Naquele aspecto, cabe a cada um ponderar sobre o momento adequado a pôr em prática tal retorno no tempo, pelo óbvio motivo do seu inegável caráter íntimo. Já no que tange à profissão — especificamente no que respeita ao operador do Direito —, é indicado que a hipótese de um afastamento integral e ortodoxo às questões históricas seja descartada de pronto e de imediato.

Refletir sobre fatos sociais, políticos, econômicos e outros marcantes que ocorreram neste ou naquele período cronológico-evolutivo é condição *sine qua non* ao profissional do Direito — principalmente quando a "lide" é acadêmica, como é o caso, por ora —, na medida em que, ao verificar-se como, quando, onde e o(s) porquê(s) (e todos os advérbios que compõem o *release* jornalístico-investigativo) de tal situação, ter-se-á condições mais propícias, profícuas e favoráveis de analisar-se com mais eficiência e pertinência não só as causas daquele fato (ou ato, ou lei e demais casos similares) jurídico (ou não), mas, especialmente, *seus efeitos e suas conseqüências*.

Pois bem, do retorno histórico — acima referido — a 1979 d.C., ocasião na qual o ex-Presidente *João Baptista de Oliveira Figueiredo* — vale salientar que, apesar de na época ainda "engatinhar-se" (*sic!*), pode-se acompanhar e conferir com bastante curiosidade os acontecimentos e os noticiários de então — concedeu uma anistia aos exilados políticos, dentre outras benesses a outras "categorias de perseguidos", deu "início ao fim" do regime militar (com letras minúsculas mesmo), promoveu as primeiras conversações no sentido de uma abertura política ampla e (ir)restrita e introduziu o processo de redemocratização, pôde-se, logo adiante, auferir como *efeito e conseqüência* da atitude louvável e corajosa do ex-Presidente, a sensacional e inesquecível manifestação "*pró-Diretas Já*".

As colossais aglomerações de pessoas pedindo a votação direta nos cargos eletivos mais importantes — em outubro de 2002, época de eleições gerais, pode-se dizer com orgulho que o *resultado e o consectário* daquela movimentação é, justamente, a inequívoca possibilidade de escolha pelo voto direto dos representantes dos brasileiros no Estado e no Governo — culminaram com a eleição da Assembléia Nacional Constituinte, a qual ficou com a imensa — e agradável — incumbência de produzir a Constituição Federal da República Federativa do Brasil.

O *efeito* mais importante advindo da promulgação da Constituição Federal da República Federativa do Brasil em 5 de outubro de 1988 (CF/88) foi, indubitavelmente, o estabelecimento peremptório e definitivo do *Estado de Direito no Brasil.* A *conseqüência* desta condição de primazia do Direito, dentre diversas, é que todos — o Estado, inclusive (mais ainda do que a pessoa privada, visto que o Estado, a partir de então, somente pode fazer o que é permitido pela legislação, enquanto que o particular pode fazer tudo o que, além de permitido, não é proibido, algo que, sabe-se nas entrelinhas — e em alguns caso, explicitamente —, não era bem assim) — devem obediência às instituições e às leis devidamente postas no mundo jurídico [do dever-ser e, posteriormente, devidamente consagradas no mundo real (do ser)], quer colocadas com arrimo direto no Texto Constitucional, quer indiretamente criadas e estabelecidas por meio das leis "solicitadas e pedidas" pela Constituição. Como poderá ser definitivamente perceptível à frente — adiantando-se um pouco na exposição introdutória —, é o caso da "Argüição de Descumprimento de Preceito Fundamental" (ADPF), a qual tem esteio no art. 102, § 1º, do Permissivo Constitucional, mas que carecia de uma lei que lhe desse eficácia (conforme a Própria Constituição "pedia" — "... *na forma da lei*"), a qual veio a ser a Lei n. 9.882/99.

Dentre os inúmeros *conseqüentes* advindos das prescrições normativas que emanam do Texto Supremo, está a delegação de *Autonomias* para que tanto a União, como os Estados-Membros (também os Municípios) e dentro de competências previamente determinadas e delimitadas pela própria Carta Magna, possam *legislar* sobre assuntos condizentes com seus respectivos interesses. A Lei Suprema também prescreveu as atribuições executórias que cada ente federado, no seu âmbito, pode e deve efetuar e *executar.* Estes exemplos (aliados a *processar* e *julgar*) já bastam e são suficientes para introduzir e delinear o tema em estudo.

Trata-se de uma obra voltada às questões e circunstâncias que permitem — ou que auxiliam sobremaneira — a manutenção do *Estado de Direito no Brasil*, o qual é, como denotado, o *efeito* mais proeminente e é a *conseqüência* mais relevante de todos aqueles fatos históricos logo atrás relatados; bem como, é (o Estado de Direito) o *status quo* mais expressivo e que representa todas as normas constitucionais e jurídicas produzidas (e recepcionadas) após, com base e com guarida na abertura política, na redemocratização, *v.g.*, as "*Diretas Já*", na Assembléia Nacional Constituinte e, por fim, nas próprias prescrições normativas da própria CF/88.

Em seu Texto original estão contidos e instituídos mecanismos que possibilitam a ela (a Constituição) a chamada *autotutela*, vale dizer, toda vez que houver, ou estiver na iminência, uma afronta às suas determinações, estes instrumentos — utilizados pelas instituições pertinentes — devem, necessariamente, ser suscitados para o fim a que foram colimados, qual seja, à própria proteção do Estado de Direito posto em voga pela Carta Magna e à própria manutenção da Supremacia das normas constitucionais sobre todas as outras.

O estudo, ora em seu intróito, versa sobre a incansável fiscalização ao respeito inquestionável ao Estado de Direito no Brasil, quer seja esta aferição preventiva, quer seja repressiva. Para que este *Estado* seja mantido são necessárias ações rápidas, efetivas e percucientes neste sentido. E a "Argüição de Descumprimento de Preceito Fundamental", mencionada logo atrás e prevista no § 1º, do art. 102 da Carta Magna, é a mais nova forma de promover tal *status quo*. A Lei exigida para tal impulso foi introduzida no ordenamento jurídico brasileiro e é a Lei n. 9.882/99, já citada nesta introdução.

Tardou um pouco a sua entrada em cena, em face da "jurisprudencial' (*sic!*) exigência da regulamentação do instituto pela via Ordinária da/de Lei em patamar abaixo do Constitucional. Por fim, em 3 de dezembro de 1999, após um exagerado e inexplicável retardamento, redunda-se, entrou em vigor a Lei n. 9.882/99, a qual, sem embargo, serve para dar eficácia à prescrição constitucional que a exigia, presta-se para que, justamente, possam ser produzidos os *efeitos* positivos a que se destinara o instituto da ADPF expresso na CF/88 e para que *conseqüências* benéficas para a conservação do *Estado de Direito no Brasil* advenham daí.

Analisa-se *pari passu* e sobranceiramente quase todos (arrogarse como *todos* seria uma altivez e uma soberba disparatada e longe da personalidade e da realidade do autor) os aspectos que envolvem a "argüição". Dá-se início ao estudo (e à conseqüente redação) com a apresentação do significado contextual das palavras inseridas no Texto Constitucional (especificamente no § 1º, do art. 102), quais sejam, "*A Argüição de*"; o "*Descumprimento de*"; "*Preceito Fundamental*"; "*Decorrente desta Constituição*"; "*Será apreciada pelo Supremo Tribunal Federal*"; "*Na forma da Lei*", cada qual em seu respectivo capítulo.

Após a devida "observação em separado" de cada um dos termos acima colocados em evidência, prossegue-se com a apreciação e a sistematização dos 14 (quatorze) artigos da Lei de Regência, à qual já se fez alusão nesta digressão inicial por mais de uma vez. Traz-se, como dito, no decorrer da exposição sobre cada qual dos dispositivos da Lei da Argüição (L A) e devidamente elencados na seqüência lógica-numérica, o que foi possível inferir-se sobre as suas prescrições atinentes.

Em relação aos artigos que demandaram (e ainda demandam) enormes divergências, especialmente aqueles enumerados nos Itens 3 e 6, ambos desta Introdução, quais sejam, o art. 1º e parágrafo único; o art. 4º e §§ 1º e 2º; o art. 5º e §§ 1º ao 3º (este último especialmente); o art. 10 e § 3º; e o art. 11, todos da Lei n. 9.882/99 — a Lei da Argüição (LA) —, não fica-se adstrito à análise e à sintetização do que dispõe a(s) prescrição(ões), tal como fora efetuado com as outras. Neste caso, expõe-se o(s) dispositivo(s) objeto da discrepância, descreve-se o que aqueles que se posicionam contradizem sobre ele(s), demonstra-se as razões de quem é favorável à(s) disposição(ões) em tela (ou vice-versa) para, finalmente, na conclusão, tomar-se uma posição sobre o que se entende por melhor e por mais indicado em face do antagonismo trazido à baila. Vale dizer, no texto conclusivo faz-se a escolha em qual corrente e à qual linha de pensamento deve-se filiar, não abstendo-se, entretanto, de fundamentar tais preferências e não olvidando-se em desenvolver uma condizente exposição de motivos para tanto.

Espera-se que o trabalho, ora em seu começo, não somente agrade ao leitor, como também contribua com eficiência no entendimento do controle de constitucionalidade em face e em vista ao Estado de Direito aventado, suscitado e promovido pela "revolução" social, política, etc. (positiva, diga-se de passagem), que foi a promulgação da CF/88. Da mesma forma, fica-se na expectativa de que o texto apresentado colabore na correta e na efetiva compreensão da mais nova modalidade de Ação que visa fiscalizar, evitar e reparar lesões a preceito fundamental, inserida no sistema de controle de constitucionalidade concentrado, objetivo e preventivo/repressivo a partir de dezembro de 1999.

Tenha-se presente que esta é a intenção primordial e é categórica.

2. Justificativa

Na redação anterior, qual seja, a de introdução/apresentação, aludiu-se sobre a relevância da história no contexto do Direito. Também denotou-se que quem obtempera em atuar na área do Direito, vale salientar, quem tem aspirações e pretende ser (ou já é) um operador na área em destaque, sobretudo, na seara do constitucionalismo, não deve olvidar-se em perfazer freqüentemente tal remissão aos fatos pretéritos, a fim de não somente prover/promover a análise do que ocorrera, como também auferir que *efeitos* e que *conseqüências* advieram destes acontecimentos.

A observação inicial e histórica consignada no princípio deste trabalho resumiu-se a um lapso de tempo de vinte três anos, aproximadamente, período este que resulta ao retroagir-se de agora, 2002 d.C., até o ano de 1979, conforme já citado.

O que permeia e dá ensejo à justificativa deste estudo remonta a uma remissão calcada por um número de anos quase dez vezes maior do que o esboçado logo atrás, o que representa algo em torno de duzentos anos.

Em 1803 surgiu a primeira idéia de um judiciário que controlasse leis. Nos diversos congressos aos quais fez-se presente (*vide* Bibliografia), pode-se contabilizar que — com base nas formidáveis palestras proferidas pelos conferencistas que lá estavam dividindo com todos seus notáveis conhecimentos na área — neste longínquo ano o Juiz Marshall, da Suprema Corte Norte-Americana, suscitou e como que "avocou" para tal Tribunal a possibilidade de não mais julgar apenas o caso concreto em face das incompatibilidades entre normas constitucionais e infraconstitucionais, mas, sim, mesmo em sede de controle difuso (controle este que, aliás, ainda é da tradição norte-americana), *processar e julgar a própria lei*. Trata-se do famoso e emblemático caso Morgan/Macgray X Madison. A partir de então, o chamado controle de constitucionalidade começou um processo histórico-evolutivo que é factível e perceptível até mesmo hodiernamente.

É de boa nota retornar um pouco mais no tempo e trazer à lume que o constitucionalismo efetivo iniciou-se — não obstante em 1215 d. C., com João Sem-Terra, na Inglaterra, haver uma espécie de esboço de Constituição e pela constatação de que, em 1639, houve a formulação da *Fundamental orders of Connecticut*, da América Colonial, como demonstra MORAES (2000: 33) — formalmente em 1787, com a própria Constituição Americana e em 1791, com a Constituição Francesa.

No Brasil, em 1891, com a 1ª Constituição Republicana, pôde-se verificar que o controle difuso instalou-se em moldes semelhantes ao americano. Em termos mundiais, paralelamente ao já instalado controle difuso na América e no Brasil, sem exclusão dos outros Estados, emergiu na Áustria, com *Kelsen*, a idéia de um Tribunal Constitucional afeito a processar e a julgar as chamadas "ações originárias", vale dizer, "ações que se prestariam a processar e a julgar diretamente a Lei", não mais necessitando da existência de recursos em sede de caso concreto. Como bem completou a explicação o Min. José Carlos Moreira Alves, no XXI Congresso de Direito Constitucional/2000, promovido pelo Instituto Brasileiro de Direito Constitucional (IBDC), o controle passaria a ser não mais apenas difuso, incidental e em grau de recurso, mas, agora, em sede de controle concentrado, direto e objetivo.

O sistema de controle concentrado no Brasil começou a ser implantado com a integração a esse sistema — com o advento da Constituição de 1934 — da Ação Direta Interventiva (ADInt), a qual predispunha que seriam protegidos os chamados "Princípios Sensíveis", estando hoje, na Carta de 1988, devidamente delineado (o instituto da ADInt) em seus arts. 34, 35 e 36, como bem demonstrou (outubro de 2002) o Procurador-Geral da República, Geraldo Brindeiro, no 11º Encontro de Direito Constitucional — Tema — "Jurisdição Constitucional", Congresso promovido pelo Instituto Pimenta Bueno — USP, São Paulo, em 2002.

Na esteira e neste mesmo "Encontro" (outubro de 2002), o Ministro do Supremo Tribunal Federal (STF) *Carlos Mário Veloso* expôs que a referida ADInt somente voltou à cena com a Constituição de 1946, visto que, em 1937, a "Constituição de Getúlio Vargas" revogara — "temporariamente" (por nove anos), vale ressaltar — tal Ação Interventiva.

A seguir, tanto o Ministro, como o Procurador-Geral da República, cada um em sua fala, explicaram e evidenciaram o surgimento da Ação Direta Genérica no ordenamento jurídico-constitucional brasileiro, inserção esta que foi proporcionada pela Emenda Constitucional (à Constituição Federal de 1946) n. 16, de 6 de dezembro de 1965, num período em que já estava em vigor o regime militar, ainda não em seu "auge", o qual ocorreu em 1968, com o Ato Institucional n. 5, o "vergonhoso" AI-5.

Na seqüência histórico-evolutiva e com a Carta Magna de 1988, foram mantidas a Ação Direta Interventiva (ADInt) e a Ação Direta (Genérica) de Inconstitucionalidade (ADIn); e a Emenda Constitucional n. 3, de 17 de março de 1993 (EC/93) implantou a Ação Declaratória de Constitucionalidade (a ADECon — art. 102, I, *a, in fine* e § 2º, ambos da CF/88) e a Ação Direta de Inconstitucionalidade por Omissão (a ADInO — art. 103, § 2º, da CF/88).

Ao discorrer e relatar os resultados da pesquisa, aborda-se e faz-se referências, mesmo que indelevelmente, a todos os institutos logo atrás colacionados.

O contato com o processo histórico-evolutivo delineado de forma sucinta no decorrer desta justificativa, somado à leitura do § 2º, do art. 102, da própria Constituição aguçaram a curiosidade acerca do tema. Ora, com toda esta evolução — traçada em linhas gerais, é verdade, mas sem exclusão da constante e freqüente interação com os textos ligados ao tema —, notando que "A argüição de descumprimento de preceito fundamental, decorrente desta Constituição, será apreciada pelo Supremo Tribunal Federal, na forma da lei" era um instrumento ausente até então do sistema, não obstante estar já inserido no Texto Constitucional desde a sua expedição em 5 de outubro de 1988; percebendo que quando surgira a Lei n. 9.882/99 regulamentando o instituto, ela causara (e ainda proporciona), de pronto, reações as mais diversas — desde a indiferença até a indignação explícita —, e com a típica personalidade investigativa de quem tem um relativo espírito crítico dos fatos e acontecimentos, tão-somente poder-se-ia culminar num estudo minucioso, detalhado e com argúcia.

Pode-se considerar que a "Argüição de Descumprimento de Preceito Fundamental" (ADPF) é o mais novo mecanismo de controle da constitucionalidade pátrio e, como tal, deve estar devidamente inserto neste sistema. Depois de 3 de dezembro de 1999 não há mais nada de novo sobre tal controle. Entendê-la (a ADPF) e compreendê-la, portanto, é uma tarefa necessária, do mesmo modo que contextualizá-la é, também, uma relevante e alvissareira empreitada.

Estudar e presenciar os fatos e acontecimentos que cercam a "Argüição" e a Lei que a regula é, portanto, um privilégio e ao mesmo tempo uma responsabilidade. Trata-se da proteção a preceitos fundamentais, vale dizer, de prescrições elementares para a consecução e para a conservação do *Estado de Direito* tão almejado e agora em voga no Brasil. Daí o motivo da escolha.

Ademais, testemunhar (e estudar) estes episódios históricos — o advento da Lei da "Argüição", especialmente — é um subsídio de inegável valia e de grande relevância para a projeção dos possíveis *efeitos* e das *conseqüências* futuras "promovidos" por estes fatos históricos.

O que tem-se hoje é fruto da história. E os resultados, os efeitos, as conseqüências e os consectários de amanhã serão reflexos e serão frutos da história que se faz e que se protagoniza hoje.

3. Problema

O tema central desta obra versa sobre a prescrição que emana do § 1º, do art. 102, da Constituição Federal da República Federativa do Brasil de 1988, qual seja, "A argüição de descumprimento de preceito fundamental, decorrente desta Constituição, será apreciada pelo Supremo Tribunal Federal, na forma da lei".

Em suma, o assunto principal desta pesquisa pode ser sintetizado como "A mais recente espécie/modalidade de Ação do Sistema de Controle Concentrado/Objetivo de Constitucionalidade do Brasil: A

Argüição de Descumprimento de Preceito Fundamental — Lei de Regência n. 9.882/99".

Da proposição preponderante anteriormente delineada exsurge um problema, o qual norteia a consecução e a elaboração desta pesquisa:

"A Lei de Regência n. 9.882, editada, publicada e posta em vigor em 3 de dezembro de 1999, regulando o acima referido § 1º, do art. 102, da Constituição Federal da República Federativa do Brasil de 1988, suscitou divergências na doutrina e no âmbito da jurisdição constitucional em vista a dispositivos considerados incongruentes e desconexos com o ordenamento jurídico-constitucional brasileiro, especialmente o art. 1º e parágrafo único, o art. 4º e §§ 1º e 2º, o art. 5º e §§ 1º ao 3º, o art. 10 e § 3º e o art. 11, todos da Lei em tela.

Dessa forma, questiona-se e indaga-se: estes artigos realmente são incompatíveis com a Constituição, a ponto de 'prejudicar' e de eivar toda a Lei pela mácula da inconstitucionalidade? Ao sistematizar o mecanismo da 'Argüição', envolvendo seus principais aspectos e promovendo o estudo de todos os artigos da Lei de Regência, os dúbios, inclusive, é possível auferir se o instituto constitucional da 'Argüição de Descumprimento de Preceito Fundamental' contido no § 1º, do art. 102, da Constituição Federal de 1988, como espécie/modalidade de Ação do Sistema de Controle Concentrado/Objetivo de Constitucionalidade do Brasil, está devidamente regulamentado pela Lei n. 9.882/99?"

4. Hipóteses

No que concerne às hipóteses, segundo MARCONI, LAKATOS (2000:140), "uma vez formulado o problema (o qual advém, por óbvio, do tema central), com a certeza de ser cientificamente válido, propõe-se uma resposta 'suposta, provável e provisória', isto é, uma *hipótese* (grifos). Ambos, *problemas e hipóteses* (grifos) são enunciados de relações entre variáveis (fatos, fenômenos); a diferença reside em que *o problema constitui sentença interrogativa e a hipóteses, sentença afirmativa* (grifos)".

Sendo assim, segue-se, que

Se alguns artigos — o art. 1º e parágrafo único, o art. 4º e §§ 1º e 2º, o art. 5º e §§ 1º ao 3º, o art. 10 e § 3º e o art. 11 — da Lei da "Argüição" provocam divergências na doutrina e no âmbito da jurisdição constitucional, então é plausível o asserto no sentido de meditar e ponderar que estão corretos aqueles que entendem que há constitucionalidade nos dispositivos!

Do mesmo modo, se, ao consignar o estudo de forma profícua e da *análise sistemática* dos aspectos jurídico-políticos que envolvem o instrumento, dos termos expressos na Constituição Federal da República Federativa do Brasil de 1988 e de todos os artigos da Lei de Regência, restar comprovado e constatado que o Diploma infraconstitucional presta-se aos fins a que veio e a que se propôs, então o instituto constitucional da "argüição de descumprimento de preceito fundamental" expresso no § 1º, do art. 102, da Carta Magna, como espécie/modalidade do sistema de controle concentrado/objetivo de constitucionalidade brasileiro, está devida e efetivamente regulamentado pela Lei n. 9.882/99!

Aguarda-se, pois, o deslinde destas questões/afirmações com muita expectativa.

5. Objetivos Gerais

Da leitura da obra de HENRIQUES, MEDEIROS (2001: 62) pode-se conferir que "o estabelecimento do objetivo de uma pesquisa é etapa que indica e caracteriza o que o pesquisador tem em vista alcançar com sua investigação. Em geral, a formulação do objetivo da pesquisa ocorre quando o problema já foi estabelecido. Caracteriza-se como fase em que o pesquisador procura dar respostas às questões: *por que fazer a pesquisa? Para que realizar a pesquisa? Para quem?* (grifos originais) (...) MARCONI e LAKATOS (1996: 22) ensinam que 'toda pesquisa deve ter um objetivo determinado para saber o que vai procurar e o que se pretende alcançar'".

Ora, diante da nitidez da lição acima exposta, basta apenas, portanto, estabelecer com clareza os *objetivos gerais*, quais sejam:

* Verificar a bibliografia existente e concernente ao instituto da "Argüição de Descumprimento de Preceito Fundamental" — nova espécie/modalidade inserida no sistema de controle concentrado/objetivo de constitucionalidade brasileira pela Lei n. 9.882/99 —, instituto previsto no § 1º, do art. 102, da Constituição Federal da Republica Federativa do Brasil de 1988.

* Analisar o mecanismo acima explicitado, estudando todas as variáveis e todos os pormenores *possíveis* referentes ao instrumento em destaque.

* Expor a análise e os resultados deste estudo de forma sintética, porém, de modo a abranger os principais pontos relacionados ao assunto central.

6. Objetivos Específicos

"O pesquisador pode formular objetivos gerais e *específicos* (grifos). (...) Os objetivos específicos definem as etapas do trabalho que devem ser realizadas para que se alcance o objetivo geral". É o que se verifica em HENRIQUES, MEDEIROS (2001: 63).

Tem-se, pois, por objetivos específicos:

* Identificar, detidamente, o significado dos termos expressos no § 1º, do art. 102, da Constituição Federal da República Federativa do Brasil de 1988.

* Caracterizar o instituto constitucional da "Argüição de Descumprimento de Preceito Fundamental", visto como ação judicial e como modalidade integrante do sistema de controle concentrado/objetivo de constitucionalidade do Brasil.

* Descrever o sentido das prescrições expedidas por cada um dos quatorze artigos da Lei n. 9.882/99, traçando, ao final, um resumo conclusivo sobre o que exprimem cada uma das suas disposições.

* Demonstrar as divergências existentes na doutrina e no âmbito da jurisdição constitucional a respeito de dispositivos da Lei de Regência, sobretudo, o art. 1º e parágrafo único, o art. 4º e §§ 1º e 2º, o art. 5º e §§ 1º ao 3º, o art. 10 e § 3º e o art. 11.

Tomar uma posição acerca das discrepâncias encontradas na doutrina e no âmbito da jurisdição constitucional em face dos artigos acima enumerados, firmando um posicionamento nesta ou naquela direção — vale dizer, pela plausibilidade, ou não, e/ou pela constitucionalidade, ou não, das prescrições normativas indicadas —, sem exclusão, para o futuro e em vista a novos estudos e a novas pesquisas, de uma possível alteração nos conceitos emitidos ao cabo desta obra.

7. Método/Metodologia

O conhecimento científico, conforme percebe-se em LAKATOS, MARCONI (1991: 77), "é Real (factual), Contingente, Sistemático, Verificável, Falível, e Aproximadamente exato" e, ainda, segundo LAKATOS, MARCONI (1991: 75), "é transmitido (e adquirido) por intermédio de treinamento apropriado, sendo um conhecimento obtido de modo racional, conduzido por meio de procedimentos científicos. Visa explicar 'por que' e 'como' os fenômenos (naturais, sociais, políticos, econômicos, históricos, etc.) ocorrem, na tentativa de evidenciar os fatos que estão correlacionados, numa visão mais globalizante do que a relacionada com um *simples fato*".

Nos meios jurídico e acadêmico-constitucional é notório que a inclusão da Lei n. 9.882/99 — que entrou no sistema de controle de constitucionalidade no intuito de regular o instituto constitucional da "Argüição de Descumprimento de Preceito Fundamental" (ADPF) — no ordenamento jurídico-constitucional como mais uma modalidade de controle de constitucionalidade concentrado e objetivo está distante de ser um *simples fato* (jurídico, mas que passa a ser *histórico*, na medida em que os seus aspectos de hoje poderão trazer inúmeros *efeitos* e diversas *conseqüências* positivas para o futuro). Trata-se de um acontecimento relevante e para que sua investigação seja percuciente, tenha excelência e para que conduza a resultados satisfatórios, o *método* e a *metodologia científica* devem se fazer presentes para tanto.

É de bom alvitre ressaltar que entre os estudiosos da área, quais sejam, os doutrinadores do campo da metodologia científica, há também algumas divergências — sendo descabido trazê-las à baila neste momento — quanto a esta ou aquela nomenclatura a ser utilizada e, mais, sobre o próprio significado de cada denotação semântica.

Restou claro, também, que há muitas convergências e é pautado e alicerçado nelas que se expõe o método e a metodologia empregados na consecução e na formatação deste estudo.

Ao ler MARCONI, LAKATOS (2000: 253), aufere-se o "*Conceito de Método*":

> "O método consiste em uma série de regras com a finalidade de resolver determinado problema ou explicar um fato por meio de hipóteses ou teorias que devem ser testadas experimentalmente e podem ser comprovadas ou refutadas. Se a hipótese for aprovada nos testes, será considerada uma justificativa adequada dos fatos e aceita ou adotada para fins práticos.
>
> O trabalho científico, de modo geral, inicia-se com a coleta dos dados, sejam eles *bibliográficos* (grifos) ou de pesquisa de campo, supostamente importantes para um referido problema.
>
> Todavia, o cientista não se restringe a testar suas hipóteses apenas por observação; às vezes, ele interfere quando procura controlar as variáveis, a fim de torná-las mais precisas."

Na mesma seqüência, MARCONI, LAKATOS (2000: 253) explanam sobre o "Método Jurídico":

> "É um procedimento por meio do qual se estabelece o objeto que deve ser controlado pelo método que indicará as bases, o fundamento da sistematização jurídica.

Para BODENHEIMER (1966: 363), os conceitos jurídicos "podem ser considerados os instrumentos de trabalho usados para identificar, mediante uma descrição sucinta, situações típicas caracterizadas por elementos comuns ou idênticos".

Esses conceitos são necessários e imprescindíveis para a solução de problemas jurídicos, tornando possível pensar com clareza e racionalidade questões do Direito. Entretanto, algumas vezes torna-se difícil identificar a extensão dos limites de um conceito.

A escolha da Metodologia Científica, para conhecer determinado problema, está intimamente relacionada com o sistema de referência da proposição filosófica.

Muitas vezes, há grande divergência no emprego de um ou de outro método, dependendo da posição assumida e dos critérios adotados pelo pesquisador. E, ainda, de uma reflexão sobre as finalidades almejadas ou do tipo de conhecimento desejado.

São vários os métodos utilizados para o estudo de um problema, entre eles podem ser citados: o Indutivo, o Dedutivo, *o Hipotético-dedutivo, o Dialético* (grifos), o Fenomenológico e outros [MARCONI, LAKATOS (2000: 91-95) enumeram os Métodos Histórico, Comparativo, Monográfico, Estatístico, Tipológico, Funcionalista e Estruturalista; referenda-se, com arrimo noutra obra, qual seja, LAKATOS, MARCONI (1991: 86-111), que os Métodos podem ser, repete-se: o Indutivo, o Dedutivo, *o Hipotético-dedutivo, o Dialético* (grifos), o Fenomenológico, o Histórico, o Comparativo, o Monográfico, o Estatístico, o Tipológico, o Funcionalista e o Estruturalista]."

Note-se que, da leitura logo atrás, tem-se que "Muitas vezes, há grande divergência no emprego de um ou de outro método, dependendo da posição assumida e dos critérios adotados pelo pesquisador. E, ainda, de uma reflexão sobre as finalidades almejadas ou do tipo de conhecimento desejado."

Sendo assim, desde o início da escolha do tema, passando pela coleta de dados, até chegar na redação final, bem como, da justaposição dos procedimentos consignados e do trabalho efetuado na elaboração desta obra em comparação com os próprios métodos existentes, elencados e aqui, neste texto, trazidos à luz de maneira sintética, tem-se por verdadeiro que fez-se/faz-se uso, sobretudo, dos métodos *Hipotético-dedutivo e Dialético*, em conjunção. Sem embargo, é factível que não há a exclusão da utilização, pela via reflexa, de uma ou de outra característica e/ou de um ou de outro aspecto deste ou daquele método diverso dos dois *prima facie* nesta pesquisa empregados. Porém, a "essência e o cerne metodológico" (*sic!*) encontram guarida nos — reproduz-se — Métodos *Hipotético-dedutivo e Dialético* conjugados.

A comprovação da assertiva logo atrás asseverada advém das taxativas afirmações incrustadas [e, (de)pois, retiradas] no texto de HENRIQUES, MEDEIROS (2001: 24), para quem, o

"*Método Hipotético-dedutivo* tende a superar as limitações dos métodos dedutivo e indutivo. O método dedutivo parte de princípios considerados indiscutíveis para chegar a conclusões gerais apenas utilizando a lógica formal, o raciocínio silogístico. Problema principal: o raciocínio dedutivo é tautológico: se todo homem é mortal; Sócrates é homem; logo, é mortal, esta conclusão nada acrescenta ao conhecimento, visto que tal característica já está contida na premissa maior. Além disso, ao basear em uma verdade geral, tal posição revela-se dogmática, uma vez que se trata de raciocínio apriorístico. O método indutivo, a partir de *Francis Bacon* (século XVI), foi considerado o método por excelência das ciências naturais. A partir do Positivismo, é visto como o método de investigação das ciências humanas. A importância do método indutivo nas ciências sociais é grande, pois é com ele que se passou a valorizar a observação como procedimento indispensável para alcançar o conhecimento científico. *David Hume*, no entanto (século XVIII), considera que a indução não pode levar à certeza e à evidência, 'porque se pode pensar o contrário do induzido sem cair em contradição lógica' (*Gil*, 1995 *a*: 29). Para o filósofo, seria possível admitir que o sol não nasça amanhã, não obstante a observação sempre constante e verificável de que todo dia o sol nasce, mesmo quando encoberto por nuvens. O senso comum tem o fato como evidente, mas não constitui rigorosamente uma evidência, visto que pode ocorrer o desaparecimento do sol por força de um cataclismo universal. O problema apresentado por Hume é contornado pela teoria da probabilidade, segundo a qual é possível informar os graus de força de um argumento indutivo. Para *Karl Popper*, em *A lógica da investigação científica* (grifos originais), não há possibilidade de se constituir a indução em posição epistemológica válida. Suponha-se o caso dos cisnes. Para atestar que todos os cisnes são brancos, seria preciso verificar cada cisne particularmente, do passado, do presente e do futuro, o que levaria a um número infinito. A esse argumento, Popper acrescenta o de que a indução cai no apriorismo; utiliza a dedução para justificar-se: se é preciso examinar todos os cisnes, logo, o que ocorre é dedução, não indução. Se se não examinam todos os cisnes, a afirmação fica destituída de validade científica. Para resolver o problema, Popper propõe que a ciência utilize o método Hipotético-dedutivo. *Kaplan* (*Apud Gil*, 1995*a*: 30) afirma que o cientista, '*por uma combinação de observação cuidadosa, hábeis antecipações e intuição científica, alcança um conjunto de postulados que* *governam os fenômenos pelos quais está interessado; daí deduz ele as conseqüências observáveis; a seguir, verifica essas conseqüências por meio de experimentação e dessa maneira, refuta os postulados, substituindo-os, quando necessários, por outro e assim prossegue*' (grifos). Diferença entre o método indutivo e o *hipotético-dedutivo*: pelo primeiro alcança-se apenas uma generalização, enquanto que pelo segundo *se pode chegar à construção de teorias e leis* (grifos)."

A respeito do Método *dialético*, também usado neste estudo sobre o instituto da "Argüição", HENRIQUES, MEDEIROS (2001: 25) mostram que no

"*Método Dialético*, enquanto método de pesquisa, a abordagem dialética constitui-se em princípio da unidade e luta dos contrários. Objetos e fenômenos apresentam aspectos contraditórios que, organicamente unidos, constituem a unidade dos contrários. Curiosamente, os opostos não estão apenas lado a lado, mas *em estado de constante luta* (grifos); esta se constitui em fonte de desenvolvimento da realidade. Outro princípio da abordagem dialética: a transformação das mudanças quantitativas em qualitativas. Mudanças quantitativas graduais levam a mudanças qualitativas. Veja-se o caso da água que ferve a 100 graus centígrados. Ao ferver, transforma-se em vapor. O terceiro princípio é o da negação da negação. O desenvolvimento ocorre em espiral, com repetição em estágios superiores de aspectos e traços de estágios inferiores. Daí advém uma conclusão metodológica: '*Para conhecer realmente um objeto é preciso estudá-lo em todos os seus aspectos, em todas as suas relações e todas as suas conexões*' (grifos) (*Gil*, 1995*a*: 32)."

Por fim, calcado em LAKATOS, MARCONI (1991: 183), percebe-se que

"A pesquisa bibliográfica, ou de fontes secundárias, abrange toda bibliografia já tornada pública em relação ao tema de estudo, desde publicações avulsas, boletins, jornais, revistas, livros, pesquisas, monografias, teses, material cartográfico, etc., até meios de comunicação orais: rádio, gravações em fita magnética e audiovisuais: filmes e televisão (hoje em dia, acrescidos da Internet). Sua finalidade é colocar o pesquisador em contato direto com tudo o que foi escrito, dito ou filmado sobre determinado assunto, inclusive conferências seguidas de debates (vale frisar que no decorrer da coleta de dados para os fins deste estudo — nos Congressos, especificamente — pôde-se presenciar embates memoráveis de idéias e de posições ideológicas antagônicas e contrapostas entre autores e doutrinadores da mais alta estirpe) que tenham sido transcritos por alguma forma, quer publicadas, quer gravadas".

Para MANZO (1971: 32), a "bibliografia pertinente 'oferece meios para definir, resolver, não somente problemas já conhecidos, como também explorar novas áreas onde os problemas não se cristalizaram suficientemente' e tem por objetivo permitir ao cientista 'o reforço paralelo na análises de suas pesquisas ou manipulações de suas informações' (TRUJILLO, 1974: 230). *Dessa forma, a pesquisa bibliográfica não é mera repetição do que já foi dito ou escrito sobre certo assunto, mas propicia o exame de um tema sob novo enfoque ou abordagem, chegando a conclusões inovadoras* (grifos)."

Logo, com base no exposto, é plausível e é consentâneo afirmar que este livro é uma "*Pesquisa Bibliográfica*" (vista como *método*) pautada e alicerçada pela utilização e pela conjugação pertinente e perspicaz dos "*Métodos Hipotético-dedutivo e Dialético*" (vistos, apesar da nomenclatura, como *metodologia* de trabalho).

8. Glossário

Assembléia Nacional Constituinte — Órgão dotado de Poder Constituinte convocado a elaborar uma nova Constituição (poder originário) Política para o País (a lei suprema e básica para uma associação humana politicamente organizada) ou os Estados ou a revê-la parcialmente (poder reformador ou derivado), não se subordinando a nenhum poder, pois representa a Nação. A última Constituinte, no Brasil, foi convocada em 27 de novembro de 1985 e elaborou a atual Constituição Federal, em vigor desde 5 de outubro de 1988.

Apriorismo — Aceitação, na ordem do conhecimento, de fatores independentes da experiência.

Apriorista — Pessoa que raciocina *a priori*, antes.

Apriorístico — Relativo a, ou em que há apriorismo.

Autonomia — Palavra derivada do grego *autonomia* (direito de se reger por suas próprias leis), que se aplica para indicar precisamente a faculdade que possui determinada pessoa ou instituição em traçar as normas de sua conduta, sem que sinta imposições restritivas de ordem estranha. Neste sentido, seja em relação às pessoas, seja em relação às instituições, o vocábulo tem significado em todo idêntico ao que expressa independência.

Autotutela — Proteção demandada a si mesmo. Proteger a própria instituição e fazer valer as próprias regras e leis.

Avocar — Chamar, atrair; atribuir-se, arrogar-se; fazer voltar, fazer tornar; chamar a si responsabilidade, direito, poderes, etc.

Cargos eletivos — É o cargo público no qual a investidura dá-se somente pela via da eleição, isto é, os eleitores escolhem, dentre os candidatos, quem os representará. Presidente da República, Governadores de Estados, Prefeitos, Senadores, Deputados Federais, Deputados Estaduais e Vereadores, são os Cargos eletivos mais importantes.

Cargo público — É o conjunto de atribuições e responsabilidades cometidas a um funcionário, ou ainda, designação atribuída ao emprego ocupado em repartição ou estabelecimento público. Tem ligação com os Cargos eletivos.

Carta Magna — O mesmo que Constituição Federal da República Federativa do Brasil de 1988.

Cataclismo — Grande mudança; transformação brusca e de grande amplitude.

Dever-ser — Prescrições do mundo jurídico, ordens, determinações, mandamentos, normas com caráter estrutural e/ou com caráter sancionatório, devendo, portanto, ser obedecidas.

"Diretas Já" — Série de manifestações e comícios pró-eleições pelo voto direto para todos os cargos eletivos, inclusive para Presidente da República, realizados nas principais capitais brasileiras (Rio, São Paulo, Belo Horizonte, Recife, Porto Alegre, etc.) em meados da década de 1980.

Dogma — Ponto fundamental e indiscutível numa doutrina religiosa e de qualquer doutrina ou sistema. Ponto central e de doutrina previamente definidos como expressão legítima e necessária desta doutrina.

Dogmático — Respeitante, relativo e/ou próprio de dogma.

Epistemologia — Ciência, conhecimento. Conjunto de conhecimentos que tem por objeto o conhecimento científico, visando a explicar os seus condicionamentos (sejam eles técnicos, históricos, ou sociais, sejam lógicos, matemáticos, ou lingüísticos), sistematizar as suas relações, esclarecer os seus vínculos, e avaliar os seus resultados e aplicações.

Epistemológico — Relativo à epistemologia.

Estado de Direito — É o regime jurídico que autolimita o poder de governo ao cumprimento das Leis que a todos subordinam. É a organização de poder que se submete à regra genérica e abstrata das normas jurídicas e aos comandos decorrentes das funções estatais separadas embora harmônicas. A expressão "Estado Democrático de Direito" significa não só a prevalência do regime democrático como também a destinação do Poder à garantia dos direitos; já na expressão "Estado Social de Direito", além de assegurar o caráter democrático, introduz-se o Poder como agente transformador da sociedade.

Estados-Membros — O mesmo que Estados Federados. Entidade integrante, no Brasil, do Estado Federal, dotada de autonomia política e financeira, limitado pelo Texto Constitucional, que admite "Os Estados podem incorporar-se entre si, subdividir-se ou desmembrar-se para se anexarem a outros, ou formarem novos Estados ou Territórios Federais, mediante aprovação da população, diretamente interessada, por meio de plebiscito, e do Congresso Nacional, por Lei Complementar.

In fine — Na parte final, por último.

Legislar — Estabelecer ou fazer leis; legiferar. Fazer impor leis. Estabelecer, ordenar, decretar, formular leis, regras, princípios. Determinar, preceituar normas jurídico-legais.

Lei de Regência — Lei que complementa um Dispositivo Constitucional que depende desta integração para produzir efeitos. A Lei de Regência exsurge, principalmente, quando, no Texto Constitucional estão presentes as chamadas "normas constitucionais de eficácia limitada (pela lei)", vale dizer, as normas que somente produzem efeitos se houver uma lei que as regulamentem e predisponham sobre tais comandos constitucionais; é o caso da "Argüição de Descumprimento de Preceito Fundamental" prevista no § 1º, do art. 102, da Constituição Federal do Brasil. Este dispositivo Constitucional somente começou a produzir efeitos com o advento da Lei de Regência, qual seja, a Lei n. 9.882/99.

Lei Suprema — O mesmo que Carta Magna e/ou Constituição Federal da República Federativa do Brasil de 1988.

Positivismo — Doutrina de Augusto Comte, caracterizada, sobretudo, pela orientação antimetafísica e antiteológica que pretendia imprimir à filosofia, e por preconizar como válida unicamente a admissão de conhecimentos baseados em fatos e dados da experiência. Caráter das doutrinas inspiradas em Augusto Comte que fundamentam o conhecimento em dados empíricos, cujo teor subjetivo geral acaba por ser privilegiado (sensacionalismo, intuicionismo, simbolismo, etc.).

Promulgação — Ato pelo qual o Chefe do Executivo (a Mesa do Congresso, no caso de Emendas Constitucionais) sanciona uma lei e determina que ela seja publicada; sucede à sanção e antecede a publicação. A promulgação torna patente a existência da lei, tornando seu texto obrigatório e dando-lhe força executória. A sanção é facultativa, a promulgação é obrigatória.

Release — No jargão jornalístico, a série de "advérbios" que compõem uma pauta de reportagem jornalística, tais como, "o que, quem, como, quando, aonde, por que, etc.".

Remissão — Ação ou efeito de remeter ao passado, de voltar no tempo, de ir a um ponto, predeterminado ou não, no pretérito.

Sic! — Citação latina que significa que é assim mesmo, dessa mesma forma, figurada, etc., mesmo soando e parecendo, a princípio, relativamente estranha(o).

Sine Qua Non — Traduzindo-se (do latim) *sem a qual, não*; é esta locução empregada para aludir à condição que, em caráter absoluto, se estabelece. *Sine Qua Non* é a imposição, pelo que, sem que se registre a condição instituída, não é possível a realização ou a legitimidade do que se quer.

Solução de Continuidade — Separação das partes de um todo; divisão, interrupção, dissolução, rompimento, quebra, afastamento, desunião; apartar, desmembrar, isolar; fazer cessar, considerar à parte.

Tautologia — Proposição que tem por sujeito e predicado um mesmo conceito, expresso ou não pelo mesmo termo. Raciocínio que consiste em repetir com outras palavras o que se pretende demonstrar. Função lógica que sempre se converte em uma proposição verdadeira sejam quais forem os valores assumidos por suas variáveis.

II — DESENVOLVIMENTO

1. "A Argüição de..."

O § 1º — ... na *"A Argüição de" Descumprimento de Preceito Fundamental, decorrente desta Constituição, será apreciada pelo Supremo Tribunal Federal, na forma da lei* —, do art. 102, da Constituição Federal do Brasil (CF/88) é o instituto em estudo nesta obra.

Tratar-se-á, como exposição inicial dos resultados da pesquisa realizada ao longo de dois anos de trabalho, de elucidar a contenda do termo usado pelo constituinte e que principia o mecanismo em destaque, qual seja, a própria expressão *"Argüição de"* Descumprimento de Preceito Fundamental" (ADPF).

Era um tanto quanto intrigante deparar-se com a palavra *"Argüição"* em vez de outra terminologia, *v.g.*, Ação, Ato, Processo, Declaração, Reclamação, enfim, qualquer outro designativo afim e/ou condizente com o objeto/objetivo do instrumento em realce. Tal perplexidade tinha razão de ser, visto que, *a priori* e em face da incipiência do tema e do Autor conjugados, vislumbrara-se (o que depois veio a comprovar-se: vide *Item 2. "...Descumprimento de..." — sentido lato — A Argüição como modalidade de controle constitucional*, dedicado *ao sistema de controle de constitucionalidade brasileiro*) a possibilidade e a perspectiva de tratar-se de mais *uma modalidade de controle concentrado/objetivo repressivo de constitucionalidade*, equiparada à Ação Direta Genérica (por Ação e/ou por Omissão), à Ação Direta Interventiva e à Ação Declaratória de Constitucionalidade introduzida no sistema pela Emenda Constitucional n. 3, de 17 de março de 1993.

Analisa-se, inicialmente, a questão da *etimologia* da palavra *"Argüição"* encontrada nos dicionários de Língua Portuguesa e nos específicos de Direito. Esclarecido o aspecto gramatical da expressão, procede-se a explanação no sentido de devidamente situar o vocábulo *"Argüição"* (de Descumprimento de Preceito fundamental) no contexto do controle da constitucionalidade (concentrado/objetivo repressivo e, talvez, incidental). Tal assertiva expõe o real significado da *natureza jurídica* do termo *"Argüição"* — de acordo com o que depreende-se das linhas a seguir — e resulta, indubitavelmente, numa contribuição deveras importante no entendimento global da dissertação e do tratado em curso. Leve(a)-se a efeito, pois, um exame com minúcias do que está descrito adiante.

No DICIONÁRIO AURÉLIO (1999: 188) o vocábulo *"Argüição"* é um substantivo e recebe a significação de *"ato ou efeito de argüir(-se); Exame oral; Alegação, argumentação"*. Verifica-se, conforme está realçado, que o substantivo é derivada do *verbo "Argüir"*, o qual, por sua vez, também tem inúmeros significados, dentre os quais — retirados do DICIONÁRIO AURÉLIO (1999: 188) —, destacam-se os seguintes:

"(Do lat. *arguere*) *1.* Repreender, censurar, criminar, verberar, condenar com argumentos ou razões; *2.* Revelar, inculcar, demonstrar; *3. Examinar, questionando ou interrogando* (grifos); *4.* Impugnar, combater com argumentos; *5.* Acusar, censurar, criminar, condenar; *6. Examinar, questionando ou interrogando* (grifos); *7.* Argumentar, contender, disputar; *8.* Acusar, acoimar; *9.* Qualificar, tachar; *10.* Argumentar, contender, disputar (repete o n. 7, conforme o original); *11.* Examinar um aluno ou concorrente, questionando ou interrogando; *12. Acusar-se de falta; dar-se por convencido de algum erro* (grifos)."

Percebe-se, após a leitura das doze acepções em tela, que a *"Argüição"* é um exame, uma argumentação, uma acusação, um questionamento, etc., acerca de um ou de outro assunto. No caso da ADPF — naquela que pode ser considerada como uma espécie de conclusão antecipada — verifica-se que há o uso de todos os verbos logo atrás enumerados no sentido de pleitear-se que se "evite" e/ou que se "repare" lesão (resultante de ato do Poder Público) a preceito fundamental, decorrente da Constituição Federal, quando entender-se que tais preceitos fundamentais *não foram devidamente cumpridos* (*sic!*) pelo Poder Público (*i. é.*, reproduz-se, "lesão a preceito fundamental resultante de ato do Poder Público"). Em outras palavras, a *"Argüição"* é uma *ação cabível* (proposta pelos legitimados para tanto) quando cogitar-se que realmente existe um descumprimento a alguma ordem da CF/88 considerada como um preceito fundamental.

Referendando o raciocínio, DE PLÁCIDO E SILVA (2002: 77) certifica que

> *"ARGÜIÇÃO DE DESCUMPRIMENTO DE PRECEITO FUNDAMENTAL.* Prevista no § 1º do art. 102 da CF/88, será proposta perante o STF e terá por objeto evitar ou reparar lesão a preceito fundamental, resultante de ato do Poder Público. Ver a Lei n. 9.882, de 3.12.99 (vide, neste desenvolvimento, item 6 e subitens)."

A *"Argüição"*, segundo GUIMARÃES (1998: 87), deve ser considerada como uma "objeção, uma impugnação, uma alegação fundamentada". Tudo converge, portanto, para o fato de ser a "Argüição" sinônimo de *Ação Judicial*, como se pensara no princípio, levando-se em conta o contexto em voga: faltava apenas a comprovação e ela foi feita! Basta apenas aferir os argumentos logo atrás evidenciados, bem como, conferir as reflexões que vêm logo adiante.

Não obstante a lógica do afirmado até então, TAVARES (2001: 230) ratifica o aludido, manifestando-se a respeito da

> "*3. NATUREZA JURÍDICA DA ARGÜIÇÃO DE DESCUMPRIMENTO*
>
> A Constituição, ao disciplinar o instituto que aqui se analisa, denomina-o simplesmente *'argüição'* (grifos), a seguir aduzindo a condição especial de seu cabimento (descumprimento de preceito constitucional fundamental) e o órgão originariamente competente para seu conhecimento (Supremo Tribunal Federal).
>
> Poder-se-ia, pois, levantar sérias dúvidas sobre a natureza jurídica da argüição. *Tem-se, contudo, como certo seu enquadramento na categoria das* ações judiciais... (grifos)."

Sobre a *NATUREZA JURÍDICA DA "ARGÜIÇÃO"* e, por conseguinte, sobre o próprio significado do vocábulo *"argüição"*, *Celso Bastos* [*In* TAVARES, ROTHENBURG (organiz.): 2001, 78] diz que

> "A *argüição* (grifos) de descumprimento é medida de *cunho judicial* (grifos originais), que promove o controle concentrado da constitucionalidade das leis e atos normativos e não normativos, desde que emanados do Poder Público.
>
> Com a *argüição* (grifos), *tem-se a complementação do sistema pátrio de controle da constitucionalidade* (grifos), com uma medida extremamente aberta à correção dos atos estatais violadores da Constituição. Como já assinalamos alhures, a medida vem 'lançar o Direito pátrio na vanguarda absoluta, sobranceiro no resguardo à Constituição e, especialmente, de seus valores principais para proteger-se o Documento Magno'."

Com o objetivo de afastar qualquer possibilidade de dúvidas a respeito do sentido da palavra empregada no contexto — *"Argüição de"*, considerada como uma *Ação Judicial* proposta perante o STF —, faz-se uso da lição de *Elival da Silva Ramos* [*In* TAVARES, ROTHENBURG (organiz.): 2001, 114], o qual expõe que

> "Houve quem o situasse no rol dos instrumentos de combate à inconstitucionalidade por omissão.
>
> Mais acertado, contudo, nos parecia o ponto de vista daqueles que vislumbravam na argüição de descumprimento de preceito fundamental uma proximidade com o denominado 'recurso constitucional', previsto no art. 93, inciso I, n. 4-A, da Constituição da

República Federal da Alemanha e que pode ser manejado pelos cidadãos, tendo por fundamento a violação pelo Poder Público de seus direitos fundamentais.

(...)

Diante do veto aposto pelo Presidente da República ao inciso II do art. 2º do Projeto de Lei n. 17/99, que admitia a propositura da argüição por 'qualquer pessoa lesada ou ameaçada por ato do Poder Público' e remanescendo, em sede de legitimação para agir, apenas os legitimados para a ação direta de inconstitucionalidade (inciso I), não há dúvida de que se confinou o instrumento ao âmbito de um *contencioso objetivo* (grifos originais), tendo por finalidade o controle da constitucionalidade (grifos) de atos do Poder Público, em face de preceitos ditos fundamentais da Carta Magna."

Em relação ao sentido do vocábulo *"argüição"* no sistema em estudo, completa o raciocínio o referido autor [*In* TAVARES, ROTHENBURG (organiz.): 2001, 115] respondendo a uma questão formulada por ele mesmo, qual seja,

"Será a *'argüição'* de descumprimento de preceito fundamental uma *ação autônoma* (grifos)?

A configuração atribuída ao instituto pelo Legislador Infraconstitucional permite, sem sombra de dúvidas, sua utilização como ação autônoma, destinada à declaração de invalidade de atos do Poder Público atentatórios a preceitos fundamentais da Constituição ou, simplesmente, objetivando a concessão de uma ordem ao órgão competente do Poder Público, para que se abstenha de praticar um determinado ato reputado lesivo a tais preceitos. Com efeito, o *caput* do art. 1º da Lei n. 9.882/99 (*vide*, nesta obra, *item 6.1.*) conferiu ao instrumento eficácia *reparatória ou preventiva* (grifos originais) no que tange à 'lesão a preceito fundamental resultante de ato do Poder Público'."

Plausível, portanto, considerar a *"Argüição"* (vista e entendida como uma *Ação Judicial*) como uma "*'espécie' dos 'gêneros' Direito de Petição e Direito de Ação*", dispositivos contidos, respectivamente nos Incisos XXXIV, alínea *a* e XXXV, ambos do art. 5º, da CF/88, sem exclusão de considerá-la, também, como mais um mecanismo de controle concentrado/objetivo de constitucionalidade do sistema brasileiro.

Tem-se a convicção de que restou nítido e claro ao leitor o sentido da terminologia empregada — *"Argüição de..."* — pelos Legisladores constitucionais e infraconstitucionais no mecanismo institucional em tela.

Cônscio de que a *"Argüição de..."* significa uma *Ação Judicial* que compõe o sistema de controle constitucional, que visa evitar ou reparar lesão a preceito fundamental e que deve ser proposta perante o STF, passa-se ao estudo da "seqüência/continuação" (*sic!*) do enunciado do dispositivo constitucional em evidência. Desse modo, no próximo item procede-se a devida verificação do significado do chamado *"...Descumprimento de..."*, justamente a prescrição constitucional que vem logo a seguir à expressão *"Argüição de..."* estudada por ora, não sem antes abordar — de uma maneira geral e global — o próprio sistema de controle concentrado/objetivo da constitucionalidade do Direito brasileiro.

São considerações e informações imprescindíveis para o sucesso desta empreitada e, dessa forma, acredita-se que não se deve abdicar do acesso às mesmas.

2. "...Descumprimento de..." — sentido lato — A Argüição como modalidade de controle constitucional

A base do ordenamento jurídico brasileiro é a Constituição Federal de 1988 (CF/88). É ela, a CF/88, quem norteia e quem estabelece a estrutura e o funcionamento do Estado brasileiro, bem como, prescreve os Direitos (e deveres) individuais, coletivos, sociais, políticos, econômicos, etc., de todos os componentes da sociedade em questão.

Na esteira da acepção logo acima em referência, evidencia-se e manifesta-se a idéia e a noção da *Supremacia da Constituição Federal*, em termos normativos, no que tange ao aludido ordenamento jurídico brasileiro.

MORAES (2000: 555) ratifica o aduzido sobre a *Supremacia da CF/88* indo mais além, quando refere-se à chamada *Rigidez Constitucional* (*vide*, também, FERREIRA Fº: 1999, 33), a qual coaduna-se perfeitamente com a concepção da superioridade dos dispositivos da Carta Magna sobre todos os outros Diplomas infraconstitucionais, visto que

> "A idéia de controle de constitucionalidade está ligada à *Supremacia da Constituição* sobre todo o ordenamento jurídico e, também, à *rigidez constitucional e proteção dos direitos fundamentais* (grifos).
>
> Em primeiro lugar, a existência de escalonamento normativo é pressuposto necessário para a supremacia constitucional, pois, ocupando a constituição a hierarquia do sistema é nela que o legislador encontrará a forma de elaboração legislativa e o seu conteúdo. Além disso, nas constituições rígidas se verifica a superioridade da norma magna em relação àquelas produzidas pelo Poder Legislativo, no exercício da função legiferante ordinária.

Dessa forma, nelas o fundamento do controle é o de que nenhum ato normativo, que lógica e necessariamente dela decorre, pode modificá-la ou suprimi-la.

A idéia de intersecção entre controle de constitucionalidade e constituições rígidas é tamanha que o Estado onde inexistir o controle, a Constituição será *flexível* (*vide* ARAÚJO, NUNES JÚNIOR: 1999, 4), por mais que a mesma se denomine rígida, pois o Poder Constituinte ilimitado estará em mãos do legislador ordinário.

A supremacia constitucional adquiriu tamanha importância nos Estados Democráticos de Direito, que *Cappelletti* afirmou que o nascimento e expansão dos sistemas de justiça constitucional após a Segunda guerra Mundial (no original, 'guerra' está com a letra inicial maiúscula, no entanto, entende-se que tal palavra jamais deve adotar uma conotação proeminente) foi um dos fenômenos de maior relevância na evolução de inúmeros países europeus."

Completando o raciocínio sobre *Supremacia e Rigidez Constitucional*, NISHIYAMA (2001: 77) expõe que

"A idéia de controle de constitucionalidade das leis e dos atos normativos está ligada a dois aspectos: a) a supremacia da Constituição sobre as demais normas do ordenamento jurídico e b) a rigidez constitucional.

Em relação ao primeiro aspecto (*a supremacia da CF/88*), há Estados em que o ordenamento jurídico está baseado em um sistema piramidal, ou seja, a produção de uma norma jurídica depende de outra norma que lhe é superior hierarquicamente até chegar ao ápice que é a Constituição. Neste sentido, *Hans Kelsen* (*In* KELSEN: 1979, 309-310) preleciona que

'...a relação entre a norma que regula a produção de uma outra e a norma assim regularmente produzida pode ser figurada pela imagem espacial da supra-infra-ordenação. A norma que regula a produção é a norma superior, a norma produzida segundo as determinações daquela é a norma inferior. A ordem jurídica não é um sistema de normas jurídicas ordenadas no mesmo plano, situadas umas ao lado das outras, mas é uma construção escalonada de diferentes camadas ou níveis de normas jurídicas...'.

Podemos dizer que a Constituição Federal brasileira de 1988 é norma superior hierarquicamente em relação às demais normas infraconstitucionais, conforme exposto por *Kelsen*, e, portanto, a interpretação no sistema jurídico vigente deve ser feita de cima para baixo, pois a Constituição do Brasil é norma-origem, não existindo outra acima dela.

O segundo aspecto, *a rigidez constitucional*, está ligado diretamente ao primeiro. As Constituições rígidas são aquelas que prevêem para sua alteração um procedimento especial, qualificado e mais dificultoso do que a elaboração de uma lei ordinária. Se a legislação ordinária pudesse alterar o texto constitucional estaríamos diante de uma Constituição flexível, não havendo hierarquia entre as normas. Desta forma, a rigidez constitucional cria uma relação piramidal entre a Carta Magna e as outras normas do mesmo ordenamento jurídico (*supremacia constitucional*)."

Nos países em que verifica-se a *rigidez constitucional* — no Brasil, especialmente, como visto — surge, paralelamente, o *Controle da Constitucionalidade* de Leis, Atos Normativos, etc., o qual, obviamente, tem por escopo manter, justamente, todo o sistema uno, completo e coerente com a hierarquia e a primazia da Constituição, em face e em consonância do modelo constitucional adotado pelo respectivo Estado em questão.

A promulgação da Carta Magna do Brasil em 5 de outubro de 1988 desencadeou a introdução [é o caso da Argüição de Descumprimento de Preceito Fundamental (ADPF)] e/ou o aperfeiçoamento de formas de "controle da constitucionalidade" de Leis, Atos Normativos, etc., desde que haja fundada possibilidade de que estes estejam em contraposição e em contradição com o Texto Supremo.

Sendo assim, toda vez que algum Ato Legislativo/Normativo do Poder Público [na esfera privada também, no caso de divergência de aplicação de dispositivo constitucional em sede de um Recurso Extraordinário em face de um processo com vistas a modificar a decisão recorrida (BRUNO NETO: 1999, 372)] "descumpre" (*sic!*) a Lei Fundamental, o controle desta (in)constitucionalidade (e o conseqüente afastamento do "objeto" considerado inconstitucional) está apto e na iminência de entrar em cena a fim de resolver o problema, bastando apenas que os legitimados "queiram" movimentar a máquina judiciária estatal.

Antes de abordar a questão do "*...descumprimento de* preceito fundamental" propriamente dito que enseja a interposição da ADPF, vale lembrar, em termos gerais e com base nas sintéticas, porém precisas, lições de NISHIYAMA (2001: 78) as formas relevantes de *controle repressivo* da (in)constitucionalidade que podem ser interpostas e, por conseguinte, apreciadas pelo Supremo Tribunal Federal (STF). Não abdica-se, também, de tecer-se alguns comentários sobre o chamado *controle preventivo*. Segue-se, pois, que

"O controle preventivo visa evitar que uma norma inconstitucional ingresse no ordenamento jurídico. Este controle pode ocorrer em dois momentos: na Comissão de Constituição e Justiça e por ocasião do veto jurídico.

(...)

A primeira hipótese de controle de constitucionalidade ocorre nas *Comissões Permanentes de Constituição e Justiça*, criadas na forma prevista no art. 58 da CF, sendo que suas atribuições deverão estar previstas no Regimento Interno. A Comissão de Constituição e Justiça analisará o projeto de lei ou de emenda constitucional em seu aspecto formal (processo legislativo) e no seu aspecto material (compatibilidade com o texto constitucional).

Uma vez ultrapassada esta primeira etapa, há ainda a possibilidade de um segundo tipo de controle de constitucionalidade preventivo que é *o veto do Presidente da República*, conforme previsto no art. 66, § 1º, da CF. Há, portanto, a participação da função Executiva.

(...)

O *controle repressivo* de constitucionalidade das leis e dos atos normativos é exercido pela *via jurisdicional.* (...). Desta forma, o controle repressivo pode ser pela *via difusa*, também, conhecida como *indireta, de exceção, de defesa ou de forma incidental*, que consiste em *argüição* (grifos) de inconstitucionalidade de lei ou ato normativo federal, estadual ou municipal no curso de qualquer processo judicial. O outro tipo de controle repressivo é o *concentrado*, também denominado *direto ou de ação*, que consiste em uma ação destinada à declaração de inconstitucionalidade de determinada lei ou ato normativo e só é deferido a uma corte especial."

Prossegue, o autor — referindo-se ao controle da constitucionalidade *repressivo* —, mencionando que

"A via difusa (indireta, de exceção, de defesa ou incidental) possui as seguintes características apontadas pela doutrina:

'a) só é exercitável à vista de um caso concreto, de litígio posto em juízo; b) o Juiz singular poderá declarar a inconstitucionalidade de ato normativo ao solucionar o litígio entre partes; c) não é declaração de inconstitucionalidade *de lei em tese*, mas de exigência imposta para a solução do caso concreto; d) a *declaração*, portanto, não é o objetivo principal da lide, mas incidente, conseqüência' (TEMER: 1993, 43).

Desta forma, para o controle de constitucionalidade pela via difusa pressupõe-se a existência de um caso concreto e a sua decisão terá efeito apenas entre as partes litigantes no processo, não atingindo estranhos à lide."

A respeito do *controle da constitucionalidade repressivo concentrado/objetivo*, o mesmo NISHIYAMA (2001: 80 ss.) traz à baila *as espécies de controle concentrado* (conhecê-las é essencial na direção de que o instituto da Argüição de Descumprimento de Preceito Fundamental possa ser devidamente contextualizado no decorrer desta obra e legitimamente reconhecido e inserido no próprio sistema de controle da constitucionalidade no Brasil), transcrevendo que

"O controle concentrado compreende a Ação Direita de Inconstitucionalidade (ADIn) (há, também, a ADIn por Omissão — ADInO, conforme perceber-se-á logo adiante) e a Ação Declaratória de Constitucionalidade (ADECon) e possui as seguintes características:

a) foro competente é o STF;

b) autores legitimados estão previstos taxativamente na Constituição Federal;

c) tem objetivo de controle abstrato, em tese, de lei ou ato normativo;

d) não existe lide em andamento para resolver um caso concreto;

e) não se admite intervenção de terceiros;

f) possui efeito *erga omnes*, ou seja, atingindo a todos;

g) não se admite a desistência da ação, pois vigora o princípio da indisponibilidade;

h) a eficácia da decisão é imediata, não havendo necessidade de comunicação do STF ao Senado Federal.

(...)

Autores legitimados.

Estão previstos no art. 103, I a IX, da CF e no art. 2º da Lei n. 9.868/99 e são:

a) o Presidente da República;

b) a Mesa do Senado Federal;

c) a Mesa da Câmara dos Deputados;

d) a Mesa da Assembléia Legislativa;

e) o Governador de Estado;

f) o Procurador-Geral da República;

g) o Conselho Federal da Ordem dos Advogados do Brasil;

h) partido político com representação no Congresso Nacional;

i) confederação sindical ou entidade de classe de âmbito nacional.

(...)

Caberá Ação Direta de Inconstitucionalidade na (de) lei ou ato normativo federal, estadual ou distrital, art. 102, I, *a*, da CF '...'. *Não há, nesta hipótese* (sobre atos normativos municipais), *controle concentrado perante o STF. O Tribunal de Justiça terá competência para apreciar Ação Direta de Inconstitucionalidade de ato normativo municipal que desatender a respectiva Constituição Estadual* (grifos).

(...)

Estão sujeitos ao controle de constitucionalidade pela Ação Direta de Inconstitucionalidade as seguintes leis ou atos normativos, dentre outros, desde que *tenham caráter geral e abstrato* (grifos):

a) emendas à Constituição;

b) leis complementares;

c) leis ordinárias;

d) leis delegadas;

e) medidas provisórias;

f) decretos legislativos;

g) resoluções

h) constituições de Estados-membros;

i) leis estaduais;

j) regimentos internos dos Tribunais;

k) atos normativos do Poder Executivo;

l) resolução administrativa dos Tribunais de Justiça;

m) tratados internacionais incorporados por decreto legislativo."

No que concerne à chamada Ação Direta de Inconstitucionalidade por Omissão logo atrás aludida, o autor continua sua explanação de modo que

"A Ação Direta de Inconstitucionalidade por Omissão está ligada diretamente à aplicabilidade das normas constitucionais.

(...)

A Ação Direta de Inconstitucionalidade por Omissão é aplicável nas normas constitucionais de eficácia limitada (SILVA: 1998, 261-262), vale dizer, as de princípio institutivo e as de princípio programático, desde que o legislador infraconstitucional não elabore a norma jurídica para tornar efetivo o comando constitucional. Por exemplo, o art. 5º, XLI, da CF, prescreve que 'a lei punirá qualquer discriminação atentatória dos direitos e liberdades fundamentais', e uma vez que esta lei não foi promulgada até o presente momento para dar efetividade ao texto constitucional, cabe a Ação Direta de Inconstitucionalidade perante o STF.

Os *autores legitimados* para propor a ação são os mesmos da Ação Direta de Inconstitucionalidade."

Dentre as três espécies de *controle da constitucionalidade concentrado repressivo/ objetivo* enumeradas, duas (ADIn e ADInO) já receberam as considerações que julgou-se condizentes com o assunto em painel e que entendeu-se de grande valia para a excelência deste livro. Resta, portanto, tecer-se algumas reflexões acerca da denominada Ação Declaratória de Constitucionalidade (ADECon). Com NISHIYAMA (2001: 86) percebe-se que

> "Houve muita discussão na doutrina sobre a constitucionalidade desta nova forma (a ADECon foi instituída no sistema de controle concentrado constitucional através da Emenda Constitucional n. 3 de 17.03.1993 — EC/3-93 — a qual alterou a redação do art. 102, I, *a*, e foram criados o § 2º do art. 102 e o § 4º do art. 103, todos da CF/88) de controle concentrado, podendo-se destacar:
>
> 'a) não havia necessidade de declarar a constitucionalidade, já que havia presunção de que os atos normativos eram constitucionais;
>
> b) não havia contraditório, já que o Advogado-Geral da União não era citado para defender o ato;
>
> c) o efeito vinculante para o Poder Judiciário causaria prejuízo à atividade jurisdicional e quebraria o princípio da independência do Poder judiciário' (ARAÚJO, NUNES JÚNIOR: 1999, 42-43).
>
> Tais argumentos foram afastados pelo plenário do STF e houve o reconhecimento, tanto de sua constitucionalidade como de sua aplicabilidade imediata, sem necessidade de lei regulamentadora.
>
> Os *autores legitimados*, todos universais, estão previstos no art. 103, § 4º, da CF e no art. 13, da Lei n. 9.868/99:
>
> a) o Presidente da República;
>
> b) a Mesa do Senado Federal;

c) a Mesa da Câmara dos Deputados;

d) o Procurador-Geral da República.

O objeto ou campo material da Ação Declaratória da Constitucionalidade é apenas a lei ou ato normativo federal. Há, ainda, outro pressuposto para o ajuizamento desta ação que é a demonstração de comprovada controvérsia judicial para ensejar o pleito perante o STF."

A quarta espécie de controle concentrado repressivo no sistema constitucional brasileiro é a chamada "Ação Direta de Inconstitucionalidade *Interventiva*" (ADInt). Sobre tal instituto, MORAES (2000: 600) descreve que

> "O art. 18 da Constituição Federal afirma que a organização político-administrativa da República Federativa do Brasil compreende a União, os Estados, o Distrito Federal e os Municípios, todos autônomos. Assim, a regra é a autonomia entre os entes federativos, porém, excepcionalmente, a constituição permite a *intervenção* (grifos), nos casos taxativos previstos nos sete incisos do art. 34.
>
> Uma das hipóteses de decretação da intervenção federal da União, nos Estados e no Distrito Federal, prevista no art. 34, VII, da Constituição Federal, fundamenta-se na defesa da observância dos chamados *princípios sensíveis*:
>
> a) forma republicana, sistema representativo e regime democrático;
>
> b) direitos da pessoa humana;
>
> c) autonomia municipal;
>
> d) prestação de contas da administração pública, direta e indireta;
>
> e) aplicação do mínimo exigido da receita resultante de impostos estaduais, compreendida a proveniente de receitas de transferência, na manutenção e desenvolvimento do ensino.
>
> São denominados princípios sensíveis constitucionais, pois sua inobservância pelos Estados-membros ou Distrito Federal no exercício de suas competências legislativas, administrativas ou tributárias, pode acarretar a sanção politicamente mais grave existente em um Estado Federal, a intervenção na autonomia política.
>
> Assim, qualquer lei ou ato normativo do Poder Público, no exercício de sua competência constitucionalmente deferida que venha a violar um dos *princípios sensíveis constitucionais*, será passível de *controle concentrado de constitucionalidade* (grifos), pela via da ação interventiva."

Da exposição logo atrás em evidência pode-se auferir que para cada espécie de violação (positiva ou negativa) há um "remédio constitucional para socorrer e restabelecer" aquilo que foi transgredido.

Assim, da inconstitucionalidade de lei ou ato normativo Federal ou Estadual "em tese" a *ADIn* é cabível; quando houver omissão do legislador, os instrumentos são a *ADInO* e o *Mandado de Injunção* — controle difuso — (FERREIRA Fº: 1999, 315); havendo fundadas controvérsias e desejando-se que uma Lei Federal seja declarada efetivamente como constitucional caberá a *ADECon*; havendo ofensas e inobservâncias aos "princípios sensíveis" encontrados no art. 34 (35 e 36, também) da CF/88, a *ADInt* é o mecanismo adequado; e quando houver contrariedade à dispositivos constitucionais nos julgados decididos em única ou última instância em sede de Recursos entre partes divergentes, o *Recurso Extraordinário (RE)* — controle difuso — é o meio eficaz para sanar-se a lesividade desta ou daquela parte em face do próprio caso concreto.

Evidentemente que, por consistentes motivos, deixar-se-ia para o final a abordagem sobre *a quinta forma/modalidade de controle da constitucionalidade concentrada/objetiva* (que pode vir a ser incidental, conforme é perceptível verificar-se no decorrer desta pesquisa) *repressiva,* a qual diz respeito ao próprio *descumprimento de preceito fundamental*, "descumprimento" este visto como fator que desencadeia a *Argüição* homônima. Esta é, repete-se num pleonasmo proposital, mais uma maneira/espécie que o *sistema brasileiro de controle concentrado/objetivo* (também, repete-se, possivelmente, incidental) *da constitucionalidade repressivo* tem para garantir a *Rigidez Constitucional* e, por conseguinte, para preservar e manter sempre em voga a chamada *Supremacia da Constituição,* Carta esta não somente vista como Lei Fundamental, mas, também, como o mais importante mecanismo de desenvolvimento e aprimoramento da Sociedade brasileira, em termos práticos.

Pois bem, como visto, a *Argüição de Descumprimento de Preceito Fundamental* (ADPF) é um dos meios pertinentes à consecução de controle constitucional quando houver *"descumprimento da CF/88"* no que refere-se aos *"preceitos fundamentais"* *"decorrentes da Constituição"*, apesar de pender (ainda em 2002) no STF uma ADIn interposta pelo Conselho Federal da Ordem dos Advogados do Brasil (CFOAB) a respeito da ADPF, conforme cita *Ingo Wolfgang Sarlet* [*In* TAVARES, ROTHENBURG (organiz.): 2001, 157], o que quer dizer que o instituto ainda não está bem consolidado. Trata-se da ADIn 2231-8/00, a qual ataca alguns dispositivos (especificamente os arts. 1º, parágrafo único; 5º, § 3º; 10, *caput* e § 3º; e o 11) da Lei n. 9.882/99 (*vide,* neste estudo acadêmico, em seu item 6 e subitens, a análise integral desta

Lei), a qual é (a análise), justamente, um dos objetos/objetivos da confecção desta obra. Paradoxalmente, soube-se, por meio de uma entrevista feita pelo pesquisador com o Prof. André Ramos Tavares, que o próprio CFOAB impetrou uma ADPF perante o STF em face de dispositivos da Lei de Responsabilidade Fiscal (Lei Complementar n. 101/ 2000). Quanto a esta possível contradição, por ora (segundo semestre de 2002), cita-se tal paradoxo somente para efeitos de despertar a curiosidade do leitor sobre a "repercussão" (*vide*, neste desenvolvimento no *subitem 6.13.*, a análise ao art. 14. da Lei n. 9.882/99) e a "efervescência" que o tema está causando nos meios jurídicos e acadêmicos.

Como veiculado, a ADPF é o instituto que interessa a esta pesquisa. Sendo assim, conhecendo-se alguns elementos básicos acerca dos outros modelos de controle (mesmo que abordados apenas em termos gerais, sem deixarem, os termos, de ser essenciais), o entendimento da *Argüição* (quando justaposta e comparada com as outras espécies presentes) será sobremaneira facilitado, razão pela qual fez-se questão de, no decorrer deste item, explanar os pontos preponderantes da ADIn, da ADInO, da ADECon, da ADInt, etc., até chegar-se na ADPF, a qual é a que realmente tem primazia no contexto aqui apregoado.

A fim de que tal compreensão seja levada a cabo, passa-se ao estudo *pormenorizado* do que o Legislador Constitucional quer (quis) dizer com a expressão *"...descumprimento de..."*.

2.1. "...Descumprimento de..." — sentido estrito — Inconstitucionalidade, conceito relacional e tipologia

A questão que ficou patente é "como ocorre e/ou o que realmente quer dizer a terminologia *'...descumprimento de...'* (preceito fundamental, decorrente desta Constituição)?"

Segundo *André Ramos Tavares* [*In* TAVARES, ROTHENBURG (organiz.): 2001, 59]

> "No Direito Constitucional positivo, o conceito de *'descumprimento' ultrapassa o âmbito da mera inconstitucionalidade, podendo açambarcar até mesmo fatos do mundo concreto contrários à 'realidade' constitucional (realidade normativa, mundo do dever ser), no sentido amplo já abordado. Dessa forma, o descumprimento, na Carta de 1988, assemelha-se à noção lata anteriormente apresentada no âmbito teórico para a inconstitucionalidade (pura)* (grifos) (note-se que este mesmo trecho explicitado é utilizado pelo autor noutra obra e, por conseguinte, é, propositadamente, citado novamente na p. 57 deste livro)."

Explica-se a questão do "sentido lato" expressada pelo doutrinador em sua obra logo atrás citada (2001: 56) quando o mesmo diz que

> "A inconstitucionalidade pode ser igualmente tomada em sentido lato. Dessa forma é compreendida simplesmente como toda forma de incompatibilidade com a Constituição. Em tese, pois, a denominada *inconstitucionalidade* pode designar toda e qualquer incompatibilidade entre atos ou fatos e a Constituição. É um conceito jurídico-negativo, que aponta para a diversidade do objeto analisado (impugnado) com um modelo apresentado (a Constituição normativa).
>
> A necessidade de obedecer e, mesmo, de realizar a Constituição, como já indicado, é dirigida a todos, indistintamente, quer se trate de pessoa física ou jurídica, particular, pública ou até (principalmente) política. Nesse sentido, qualquer pessoa pode desrespeitar a Constituição e, conseqüentemente, *preceito fundamental dela decorrente* (grifos)."

Prossegue, o doutrinador [*In* TAVARES, ROTHENBURG (organiz.): 2001, 60], lecionando sobre o específico tema do *descumprimento de* preceito fundamental que

> "No caso da argüição, verifica-se que houve o emprego de uma terceira categoria, a do *descumprimento* (grifos). Como se verificará, não se trata nem propriamente de uma *inconstitucionalidade nem de uma contrariedade* (o autor refere-se a esta quando tal contrariedade enseja o chamado Recurso Extraordinário) à Constituição. O conceito de descumprimento, para fins de argüição, está atrelado aos preceitos fundamentais. Seus contornos, ademais, dependem do legislador. *A medida da argüição é de maior extensão em sua abrangência do que as demais existentes* (grifos) (como a ação direta de inconstitucionalidade) restritas à noção técnica de inconstitucionalidade. *Em outras palavras, admite-se que o descumprimento possa ocorrer, em tese, por lei, ato normativo, decisão judicial ou ato administrativo, e mesmo material, incluindo-se o de caráter privado* (grifos). O conceito que se pode construir na Constituição é, por isso, bastante amplo, comportando todos os conteúdos assinalados. Contudo, a legislação acabou expurgando dessa noção alguns elementos que nela se inseririam em tese (o autor refere-se à questão da inconstitucionalidade/descumprimento 'de caráter privado'), embora remanesça a possibilidade, ao legislador, de restaurar esse conceito amplo."

DE PLÁCIDO E SILVA (2002: 234) diz que o *cumprimento*, na técnica jurídica, significa a satisfação ou a execução completa de alguma coisa. Assim, refere-se ao pagamento da obrigação, execução de uma ordem ou à realização de uma diligência ou solenidade. Logo, *descumprimento* é o não-cumprimento, a falta de cumprimento ou então, o inadimplemento.

Ao apor-se tal conceito (o de *"...descumprimento de..."*) de modo contíguo e adjacente à expressão "preceito fundamental, decorrente desta Constituição", tem-se que, toda vez que houver uma incompatibilidade e uma desconformidade entre atos (normativos ou não) do Poder Público e preceitos fundamentais, a Argüição de Descumprimento de Preceito Fundamental (ADPF) é cabível. Portanto, mister é o aprofundamento do estudo da própria CF/88 e dos atos do Poder Público que descumprem os preceitos fundamentais aludidos pelo instituto da ADPF.

Sobre o tópico, TAVARES (2001: 162) assegura que

> "O descumprimento e, pois, como se verá, a própria inconstitucionalidade, exprimem um conceito relacional. Como observa *Jorge Miranda*, 'Constitucionalidade e inconstitucionalidade designam conceitos de relação: a relação que se estabelece entre uma coisa — a Constituição — e outra coisa — um comportamento — que lhe está ou não conforme, que com ele é ou não compatível, que cabe ou não no seu sentido'.
>
> (...)
>
> Quando se fala em descumprir algo, isso só é viável na medida em que se está obrigado a obedecer, o que, por sua vez, requer uma ordem advinda de uma posição hierarquicamente superior.
>
> O descumprimento pressupõe, portanto, uma obrigação implícita, e não a mera indicação ou sugestão. Esta não se descumpre, apenas pode ou não ser acatada. Descumprir, ou seja, não cumprir, significa exatamente desobedecer, desviando-se daquilo que se prescreve. O descumprimento revela-se pela existência de atos ou fatos desconformes, embora sendo um deles de obediência obrigatória pelo outro (e essa imperatividade é um conceito essencial ao conceito).
>
> A Constituição obriga todos ao seu cumprimento. Lembra *Cooley* que a Constituição é uma lei para os governantes e para os governados (*a law for rulers and people*).
>
> Na prática constitucional, haverá descumprimento quando se detectar atos de desobediência à Constituição, ainda nos dizeres de *Cooley*, 'pelo que está dito que é contrário aos *princípios e regras da constituição do estado'* (grifos)."

A fim de aclarar definitivamente a noção de "descumprimento" é de bom alvitre promover a devida distinção entre "inconstitucionalidade" e "descumprimento" da Constituição no Direito brasileiro.

Para tanto, faz-se uso mais uma vez das lições de ANDRÉ RAMOS TAVARES (2001: 188), sem dúvida alguma (permita-se a quebra do protocolo), um dos mais expressivos doutrinadores na área constitucional e um dos maiores expoentes no estudo, no entendimento/domínio e na própria explanação (tendo participado da comissão que delineou a Lei n. 9.882/99, além do fato de ter elaborado sua tese de doutorado na PUC-SP sobre a "Argüição") das peculiaridades do instituto da ADPF. O autor explica que

> "Importa distinguir entre inconstitucionalidade e descumprimento da Constituição, no caso brasileiro, embora o descumprimento só vá assumir importância, em nível jurídico-constitucional quando se tratar de preceito fundamental (ou de inconstitucionalidade, porque, toda inconstitucionalidade é um caso particular de descumprimento da Constituição), porque só assim se autoriza o uso da via da argüição. Ou seja, a distinção que importa é aquela que se dá entre inconstitucionalidade e descumprimento de preceito fundamental, sem que isso signifique que a distinção esteja apenas na referência a 'preceitos fundamentais', quanto ao descumprimento, e a 'todas as normas constitucionais', quanto à inconstitucionalidade. Há outro sentido que merece ser analisado.
>
> Quando o constituinte abandona a técnica de falar de 'inconstitucionalidade' para falar em 'descumprimento' da Constituição, isso quer significar que pretendeu imprimir uma diferença em relação aos referidos termos — insista-se, diferença esta que vai além da óbvia distinção de que o descumprimento só pode reportar-se a algum preceito considerado fundamental na Constituição (caso contrário não terá relevância prática), ao passo que a inconstitucionalidade pode estar referida a toda a Constituição."

Dá continuidade, o mesmo autor (2001: 197), declarando que

> "A noção de 'descumprimento' é mais longa que a de inconstitucionalidade, podendo açambarcar até mesmo fatos do mundo concreto contrário à realidade constitucional (realidade normativa, mundo do dever-ser).
>
> O descumprimento, na Carta de 1988, assemelha-se à noção lata apresentada em nível teórico (compare-se esta fração citada com a que está na p. 54 deste livro). Realmente, se com relação à inconstitucionalidade a Constituição refere-se de forma expressa a leis e atos normativos como únicos atos capazes de nela (na inconstitucionalidade) incidir (quando se trata de controle concentrado), o mesmo não ocorreu com o descumprimento, já que quanto a este a Constituição unicamente restringe o parâmetro (há de ser preceito constitucional fundamental), mas não o objeto de controle (com o

que a medida restou ampla, a admitir toda forma de descumprimento, dê-se por lei, ato normativo, administrativo ou mesmo material, incluindo-se o de caráter privado)."

Para finalizar a questão em tela, o mesmo professor (2001: 217 ss.) enumera as formas de *"...Descumprimento de..."* propriamente ditas descrevendo a denominada

"5. TIPOLOGIA DO DESCUMPRIMENTO DA CONSTITUIÇÃO

5.1. Descumprimento por ação ou omissão

O descumprimento tanto pode ocorrer por ação quanto por omissão. É preciso, neste ponto, estar atento para não incorrer em erro, na suposição de que o descumprimento se refira apenas à omissão em realizar um dever constitucional.

Descumprir não é tão-só deixar de fazer. É também o realizar em contradição àquilo desejado pela Constituição. Aliás, é justamente aqui o campo mais fértil de atuação que se encerra o novel instituto.

O descumprimento por omissão, por seu turno, assenta em pressupostos totalmente diversos da inconstitucionalidade por ação. Significa, nas palavras de *Canotilho*, 'o não cumprimento de imposições constitucionais permanentes e concretas'.

(...)

5.2. Descumprimento direto ou indireto

Tendo em vista que todos os atos e comportamentos estatais são passíveis de argüição de descumprimento — violem a Constituição em sua fundamentalidade de qualquer forma —, não teria sentido em falar em violação direta e indireta, para fins de diferenciar, tal como se faz nas demais ações de controle concentrado, quanto à existência ou não de ato interposto entre o ato violador e a Constituição.

Assim, só assume relevância o critério aqui apontado na medida em que dele se pretenda utilizar para provocar a distinção entre o descumprimento de preceito constante explícita ou implicitamente na Constituição. No primeiro caso, haverá descumprimento direto (*rectius*: de preceito diretamente inserido na Constituição), e, na hipótese, encontrar-se-á o descumprimento de preceito indireto."

Com relação a este último quesito, o STF entende que Decreto que regulamenta lei não pode ser objeto de inconstitucionalidade, mas apenas questionado em face de uma possível ilegalidade, visto que há a lei entre a CF/88 e o Decreto. Com a ADPF abre-se a possibilidade de que haja o *controle concentrado/objetivo repressivo direto*, qual seja, a própria ADPF em face do Decreto que exemplificou a situação.

Voltando-se à questão da "tipologia", de acordo com o ensinamento do já citado autor, tem-se o

"5.3. Descumprimento originário ou superveniente à Constituição

Não fossem os termos expressos em que a questão está legalmente delimitada, e por certo não se aceitaria — pelos mesmos motivos que não se aceita quanto às ações de controle concentrado da constitucionalidade — a possibilidade de um 'descumprimento superveniente'.

Preceitua a lei que se devem incluir no objeto os descumprimentos anteriores à Constituição (inciso I do parágrafo único do art. 1º). Se no referente à inconstitucionalidade a orientação de excluírem-se os atos normativos anteriores à Constituição e com ela incompatíveis é fortemente criticada, já no campo do descumprimento existem outras variantes que merecem maior ponderação para chegar a um equacionamento satisfatório da questão.

A noção de 'descumprir' parece indicar que só se pode descumprir aquilo que existe, jamais o que está por vir. Mas, tal como ocorre com a inconstitucionalidade, o descumprimento, para fins da argüição, é independente da consideração de tempo. Revela-se, pura e simplesmente, pela verificação da incompatibilidade de um comportamento estatal com a Constituição."

Resta apenas transcrever (reitera-se que todas as tentativas em sintetizar a clareza do pensamento do autor num texto próprio resultaram inócuas) as duas últimas acepções da "tipologia", quais sejam, o

"5.4. Descumprimento formal ou material

A idéia de descumprimento meramente formal, ou seja, que uma atividade estatal viola regras procedimentais é de todo admissível. Contudo sua delimitação conceitual é mais compacta que aquela traçada tradicionalmente para a inconstitucionalidade formal.

Isso porque só a violação de regras procedimentais que constituam preceitos fundamentais é que será admitida em sede de argüição de descumprimento.

Pode-se exemplificar, aqui, com regras integrantes da noção de 'devido processo legal' como capazes de oferecer casos em que se terá um descumprimento formal, nos termos exigidos para cabimento da argüição.

Assim, se algum funcionário público é exonerado sem que em seu procedimento lhe tenha sido oferecida oportunidade de produção probatória, certamente que se terá um caso de descumprimento formal de preceito fundamental (porque integrante dos direitos fundamentais), embora sem relevância para alcançar uma apreciação concentrada pelo Supremo. A decisão final da Administração estará viciada por não ter obedecido ao *iter* procedimental constitucionalmente exigido."

E o

"5.5. Descumprimento total ou parcial

O comportamento pode desencadear um descumprimento total ou parcial da Constituição. Mas também aqui a teoria tradicional merece algumas ponderações para bem esclarecer seu sentido quando se tratar de descumprimento e não de inconstitucionalidade.

É que, com a possibilidade de que todos os atos estatais sejam sindicáveis pela argüição, o que inclui os atos materiais, poderia parecer estranho falar-se em descumprimento parcial (já que não se está mais no campo meramente normativo). Mas ainda aqui é admissível o conceito, porque um ato material pode beneficiar alguns indivíduos quando deveria beneficiar a todos, o que o torna parcialmente descumpridor da Constituição."

2.2. "...Descumprimento de..." como resultado/resultante de ATOS DO PODER PÚBLICO

À evidência, tem-se que o *"descumprimento"* de preceito fundamental — não obstante todos os aspectos trazidos à tona nesta digressão — para efeitos de interposição da Argüição de Descumprimento de Preceito Fundamental (ADPF) só se verifica quando as lesões a preceitos fundamentais resultam de *atos do Poder Público.* Explica-se: a ADPF somente será admitida em vista a descumprimento de preceito fundamental quando esta "infração" (*sic!*) for oriunda de um (ou de uns) *ato do Poder Público.* Inegavelmente, causa espécie a remota possibilidade do particular argüir o descumprimento efetuado pelo Poder Público (e mesmo por particulares, desde que investidos em tal condição) sobre relevante questão: somente pela via da representação ao Procurador-Geral da República (P-GR) (art. 2º, § 1º, da Lei n. 9.882/99), solicitando e dependendo do poder discricionário deste é que o *particular poderá fazer uso* (*sic!*) do instituto em cena (tenha-se presente que *tal utilização* somente se opera no plano indireto, pois, como visto, o particular depende da vontade do P-GR, além de, caso este efetivamente *impetre* a ADPF, o singular/privado não poder integrar o processo como parte). Ademais, cabe apenas aos mesmos legitimados para a ADIn a faculdade de interpor a ADPF quando, repete-se, algum *ato do Poder Público* "fere e/ou ferir" (*sic!*) algum(ns) preceito(s) fundamental(is).

Servindo-se da redundância para promover a fixação definitiva do assunto, verifica-se que o uso da ADPF somente é plausível quando *atos do Poder Público* forem os "violadores" e forem os responsáveis pela "afronta" aos preceitos fundamentais, conforme referenda MIRANDA (1988: 214 — t. II),

"Estes conceitos só se tornam operacionais ligados à ação ou à omissão de órgãos do poder — porquanto a Constituição tem-nos por destinatários primeiros."

Sem embargo, MORAES (2000: 621) ratifica o aduzido descrevendo as

"... *hipóteses de cabimento*: a lei possibilita a argüição de descumprimento de preceito fundamental em três hipóteses — *para evitar lesão a preceito fundamental, resultante de ato do Poder Público; para reparar lesão a preceito fundamental resultante de ato do Poder Público; e quando for relevante o fundamento da controvérsia constitucional sobre lei ou ato normativo federal, estadual ou municipal, incluídos os anteriores à Constituição* (grifos)."

Tem-se a plena convicção de que proporcionou-se ao leitor subsídios suficientes para o perfeito entendimento do significado da expressão *"...Descumprimento..."*, no que concerne às principais variantes que envolvem tal terminologia no contexto da modalidade de controle da constitucionalidade em evidência.

Fica o convite para a devida continuidade da leitura, em virtude do fato de que os assuntos que estão por vir não somente são interessantes, como, também, são elementos inafastáveis e essenciais para a consecução definitiva da elucidação e da sistematização dos *"micros-institutos"* que compõem o *"instituto-mor"* (*sic!*), qual seja, a própria Argüição *de Descumprimento* de Preceito Fundamental (a tão falada ADPF).

Segue-se, pois, a exposição dos resultados obtidos em vista ao estudo do "*micro-instituto*" *"...Preceito Fundamental..."*, o qual (o estudo) traz relevantes e consideráveis informações e revelações acerca do tema.

3. "...Preceito Fundamental..." — O(s) Alicerce(s) Constitucional(is) do Estado Brasileiro — Parâmetro de Controle

O § 1º — *A argüição de descumprimento de preceito fundamental, decorrente desta Constituição, será apreciada pelo Supremo Tribunal Federal, na forma da lei* —, do art. 102, da Constituição Federal do Brasil de 1988 (CF/88) é o dispositivo constitucional em comento nesta obra e está inserido na seção II (*Do Supremo Tribunal Federal*), do Capítulo III (*Do Poder Judiciário*), do Título IV (*Da Organização dos Poderes*), da CF/88.

Em face do caráter relevante de *"preceito fundamental"* no contexto da Argüição de Descumprimento de Preceito Fundamental (ADPF)

cumpre, então, a tarefa de tentar estabelecer quais são, como identificá-los e diferenciá-los dos outros "preceitos não-fundamentais".

A edição da Lei Infraconstitucional n. 9.882/99 não declarou expressamente quais seriam os preceitos fundamentais violados que ensejariam o processo da ADPF perante o Supremo Tribunal Federal (STF), o qual é o Tribunal competente para apreciar tal argüição, uma vez interposta pelos legitimados para tanto (vide art. 103, I a IX da CF/88 c.c. art. 2º, inciso I da Lei n. 9.882/99).

O desvendar destes preceitos fundamentais ficou a cargo da Doutrina e da Jurisprudência (desta, principalmente), no que, ao ver, agiu corretamente o legislador. Se se declarasse taxativamente este ou aquele preceito como fundamental (ou mesmo se se enunciassem alguns como simples exemplos), tal enumeração poderia acarretar uma "confusão" entre os operadores do Direito e poderia, também, ocorrer um possível afastamento e/ou uma possível exclusão dos demais preceitos não elencados na lei.

Como bem reitera TAVARES (2001: 113)

> "Pode-se dizer que andou bem o legislador infraconstitucional ao não dispor acerca de quais seriam os 'preceitos fundamentais, decorrentes da Constituição', a merecerem a proteção por meio da argüição de descumprimento.
>
> Realmente, não caberia ao legislador pretender elucidar esse conceito. De um lado, porque poderia cair no absurdo de reiterar todos os termos constitucionais, para não deixar de indicar qualquer possível preceito fundamental. De outra parte, porque certamente iria incidir — sem prejuízo do primeiro inconveniente apresentado — na violação da vontade constitucional por restrição ou alargamento indevido do campo de incidência da medida especial. Explica-se.
>
> Está-se, aqui, diante de um conceito intangível para o legislador infraconstitucional. Em tais hipóteses, tem-se que a vontade normativa surge e se exaure no próprio texto da Lei Suprema, como condição absoluta de respeito à sua manifestação originária. Qualquer tentativa do legislador em imiscuir-se no tema converter-se-ia ou em disposições supérfluas ou em violação da Vontade Fundamental, vale dizer, só redundará no seu amesquinhamento."

E ainda, na mesma direção, *Daniel Sarmento* [*In* TAVARES, ROTHENBURG (organiz.): 2001, 91] apregoa que

> "Neste sentido, parece-nos que o legislador agiu bem ao não arrolar taxativamente quais, dentre os dispositivos constitucionais, devem ser considerados como preceitos fundamentais. Ao valer-

se de um conceito jurídico indeterminado, a lei conferiu uma maleabilidade maior à jurisprudência, que poderá acomodar com mais facilidade mudanças no mundo dos fatos, bem como a interpretação evolutiva da Constituição. Caberá, sobretudo ao Supremo Tribunal Federal, definir tal conceito, sempre baseando-se na consideração do dado axiológico subjacente ao ordenamento constitucional."

O DICIONÁRIO AURÉLIO (1999: 1.623) traz como significado de "preceito" a "Regra de proceder; norma. Ensinamento, doutrina. Ordem, determinação, prescrição". Quanto ao verbete "fundamental", o mesmo DICIONÁRIO AURÉLIO (1999: 952) diz "que serve de fundamento; básico, essencial, necessário".

Ora, conjugando-se ambas as assertivas enunciadas ("preceito" e "fundamental") por meio da chamada "interpretação lógico-sistemática" manifestada por REALE (1998: 281) tem-se que "preceitos fundamentais" são as regras de proceder, as normas, os ensinamentos, as ordens, as determinações e as prescrições básicas, essenciais e necessárias à — acrescente-se — ordem jurídica do país, à Constituição e, por conseguinte, à sociedade considerada em seu todo.

Tenha-se presente que, após estas considerações, percebe-se e vislumbra-se a presença de normas constitucionais "superiores" (*sic!*) a outras normas constitucionais, conforme CANOTILHO (1993: 196) ratifica, ao aludir que

> "Embora saiba-se que do ponto de vista jurídico-formal, inexiste hierarquia entre as normas da Constituição, é certo que algumas são mais relevantes do que outras, desfrutando de primazia, na ordem de valores em que se esteia o direito positivo."

Ao observar-se DE PLÁCIDO E SILVA (2002: 627) verifica-se que "preceito" é

> "Derivado do latim *praeceptum* e exprime a ordem, a regra ou o mandado que se deve observar e guardar.
>
> Na linguagem forense é a expressão usada para designar a *norma de conduta* imposta judicialmente, a uma pessoa, para que faça ou deixe de fazer certa coisa, sob cominação de pena pecuniária, *se não cumpre a ordem.*
>
> *No Direito Constitucional preceitos ou regras são as normas constitucionais de maior densidade e especificidade do que os princípios, estes mais genéricos* (grifos)."

Entender e abstrair o real significado do termo "preceito fundamental" é condição *sine qua non* para o efetivo desenvolvimento — e para a conclusão — deste trabalho. Isto ocorre porque a Constituição, por ser *fundamento* das demais normas, alicerça os principais *valores* a serem absorvidos e resgatados, em seu desenvolvimento posterior, pelas normas integrantes do sistema jurídico e da própria Carta Magna. Não há que se cogitar, portanto, de que possa existir, ou mesmo se manter e se perpetuar *ad eternum,* normas infraconstitucionais (ou mesmo as constitucionais não-originárias) contrárias ao "preceituado de modo fundamental" (*sic!*) pela Constituição ou dela decorrente.

Apesar de a conceituação de "preceito fundamental" ter avançado e a noção de seu sentido já ser percebida, ainda há um ponto por demais importante a ser analisado, qual seja, a colocação em seu devido lugar — para efeitos didáticos e acadêmicos — dos *preceitos, dos princípios, das normas e das regras*, visto que, neste contexto, não são considerados meros sinônimos.

Segundo *André Ramos Tavares* [*In* TAVARES, ROTHENBURG (organiz.): 2001, 51]

> "A Constituição brasileira de 1988 utiliza a expressão *princípios* em diversas passagens. Mas refere-se a *preceito fundamental* em um único momento, vale dizer, quando trata da argüição por seu descumprimento (na verdade, a palavra *preceito* aparece, também, no *caput* do art. 29 — sobre 'Os Municípios' — da Constituição Federal do Brasil de 1988).
>
> Nos quadrantes do Direito a noção de preceito ancora-se na idéia de 'ordem', 'mandamento', 'comando', identificando-se, uma vez mais, com o conteúdo que se encontra tanto em *regras como em princípios* (grifos). Assim, torna-se sinônimo de '*norma*' (grifos), no sentido empregado acima, designativo das regras e dos princípios jurídicos.
>
> Isso é tanto mais verdadeiro quanto se verifica que, logo no primeiro de seus títulos, a Constituição abriga o que denominou 'Dos Princípios Fundamentais'. Ora, em matéria de tal relevância, apresentada desde o pórtico dos direitos da nação, seria de causar espécie que o constituinte, pretendendo referir-se novamente ao mesmo conjunto de normas, viesse a empregar termo diverso daquele já empregado em posição de grande destaque, ou seja, seria insustentável que houvesse optado deliberadamente, e sem maiores esclarecimentos, pela equivocidade. *Certamente que pretendeu açambarcar entre os preceitos fundamentais também os princípios (quando fundamentais). Não é menos certo, porém, que pretendeu ir além, para alcançar outras normas não principilógicas (as regras, quando fundamentais)* (grifos) e mesmo excluir alguns princípios, por não serem fundamentais (mas apenas

dotados de certo grau de abstração). Em uma palavra, os termos *preceitos e princípios* (grifos) são inconfundíveis.

Some-se a isso que não se compatibiliza com a medida constitucionalmente criada uma interpretação tímida, acanhada. Se a Constituição pretende exatamente manter o respeito a sua hierarquia e rigidez por meio da criação de mecanismos como este da argüição de descumprimento, seria imperfeito pretender que se criaria tal mecanismo específico para a defesa de apenas um dos segmentos apontados (ou só regras ou só princípios), quando a própria expressão utilizada comporta o conjunto de ambos os segmentos: *in toto et pars continentur.*"

Como visto, os termos *preceitos e princípios,* bem como, as expressões *regras e princípios* não se confundem. Ocorre que, a partir da redução terminológica efetuada logo atrás, corroborou-se que *os preceitos fundamentais são encontrados nas normas fundamentais, as quais — como gênero — subdividem-se em duas espécies, quais sejam, as regras e os princípios.*

Tal asserto é proposto e ratificado por TAVARES (2001: 109), o qual referenda que

> "Neste sentido, tem-se que mais recentemente abandona-se a terminologia normas-princípios, acima indicada, para assumir, em sua substituição, uma categoria geral, um gênero: as normas, e suas espécies: as *regras* e os *princípios*. Estas duas últimas, pois, passam a ser espécies do gênero *normas* (normas principiológicas e normas de regramento)."

E completa-se, ainda, com base numa afirmação encontrada noutro texto de *André Ramos Tavares* [*In* TAVARES, ROTHENBURG (organiz.): 2001, 52] que

> "É preciso afastar de imediato, a possibilidade de que 'preceito fundamental' seja toda e qualquer norma contida na Lei Fundamental. Se, teoricamente, essa construção é admissível, o mesmo não ocorre quanto ao vigente sistema constitucional, por motivos que atendem a lógica. Se a Constituição denomina determinada categoria de 'preceitos fundamentais', não se poderia pretender que fossem todos os preceitos (constitucionais). Apenas parcela deles deverá diferenciar-se dos demais preceitos constitucionais, parcela esta aglutinada por uma qualidade comum que os une, a saber, a fundamentalidade.
>
> Há de se considerar fundamental o preceito quando o mesmo apresentar-se como imprescindível, basilar ou inafastável. Por seu significado, pois, verifica-se que haverá uma coincidência com

ponderável parcela dos princípios constitucionais. Não se esgota, porém, nestes, alcançando também algumas regras."

Importante, pois, distinguir e separar *regras* de *princípios*, espécies do gênero *normas*, as quais denotam *preceitos* que, por sua vez, ao incorporarem o termo *fundamentais* tornam-se, obviamente, os "preceitos fundamentais" — objeto deste item. TAVARES (2001: 110) leciona que

> "Vários são os elementos apontados como distintivos das duas espécies de normas indicadas, e que se passa a expor brevemente.
>
> Em primeiro lugar, costuma-se sugerir o grau de abstração da norma como sinal distintivo entre princípio e regra, sendo aquela dotada de maior grau de abstração que esta, voltada que é para o mundo concreto. É por isso que *Dworkin* denomina os princípios *standards*. Como bem observa *Ducat*, 'as regras têm caráter categórico, branco-ou-preto, ou isto ou aquilo. Enquanto princípios, de outra parte, podem apenas ser estatuídos em termos gerais, seu significado e conseqüências são ambíguos'. Princípios são distinguidos pelo grau de sua relevância em um caso.
>
> Em segundo lugar, tem-se o grau de aplicabilidade da norma como diferenciador entre princípios e regras, sendo aqueles dependentes de uma concretização, verdadeira integração, por parte dos operadores do Direito (principalmente o legislador, mas também o magistrado), e estas, as regras, imediatamente aplicáveis aos casos concretos.
>
> Por fim, mas não menos importante, tem-se que os princípios caracterizam-se por serem a base do sistema jurídico, os seus fundamentos últimos. Neste sentido é que se compreende a sua natureza normogenética, ou seja, o fato de serem fundamento de regras, constituindo a razão de ser, o motivo determinante da existência das regras em geral."

Como consectário da distinção efetuada até aqui, tem-se que os princípios são responsáveis por conferir unidade ao sistema jurídico, visto que são os próprios "fundamentos" das regras jurídicas, enquanto que estas obedecem a lógica da prescrição, da determinação de condutas em sentido estrito, da formatação de órgãos, enfim, são as ordens e são os mandamentos propriamente ditos emanados objetivamente e destinados a toda a sociedade, quer no seu âmbito privado, quer no que se refere à esfera pública.

Em face da constatação de que *preceitos* são *normas* — com suas respectivas espécies *regras* e *princípios* — buscou-se e aferiu-se alguns exemplos marcantes indo-se, inclusive, um pouco mais além, quando verificou-se que TAVARES (2001: 119) assinala que no Texto Maior há

> "*normas como regras*: art. 5º, § 1º e 93; *norma como lei*: art. 7º, XXII, art. 17, § 1º, e art. 150, § 3º; *norma com o significado de dispositivo (ou preceito)*: art. 73, § 3º, art. 75, art. 72 do A.D.C.T.; *norma geral sempre como diretriz*: art. 22, XXI, e XXVII, art.134, parágrafo único, art. 142, § 1º, art. 146, III (grifos)."

3.1. Rol de Preceitos Fundamentais

O tema abordado diz respeito aos chamados "preceitos fundamentais" e, até então, o caráter abstrato da conceituação dos mesmos foi a tônica. Passa-se, pois, a um estudo e a uma explanação no sentido de trazer tal assunto a um plano um tanto quanto mais prático.

No intuito de efetuar o que foi consignado no parágrafo introdutório e com o objetivo de tornar definitivamente nítida a caracterização de "preceito fundamental", traz-se à lume a análise que o Tribunal Constitucional Alemão faz sobre os direitos fundamentais consagrados nos arts. 1º ao 19 da Lei Fundamental alemã, conforme demonstra *Alexandre de Moraes* [*In* TAVARES, ROTHENBURG (organiz.): 2001, p. 17]

> "*Objeto do recurso constitucional alemão*: o Tribunal Constitucional Federal analisa se houve desrespeito aos direitos fundamentais, que são consagrados nos arts. 1º ao 19, prevendo a Lei Fundamental: proteção à dignidade do homem; os direitos de liberdade; a igualdade perante a lei; a liberdade de crença, de consciência e de confissão; o direito de livre expressão do pensamento; o matrimônio, família e igualdade de filhos naturais; o ensino; a liberdade de reunião; a liberdade de associação; o segredo de correspondência e de comunicação; a liberdade de circulação e de permanência; a liberdade de escolha da profissão; o serviço militar e outros serviços obrigatórios e a escusa de consciência; a inviolabilidade do domicílio; o direito de propriedade, de sucessão e a previsão de expropriação; a socialização indenizável; a proteção contra a perda da nacionalidade, extradição e o direito de asilo; o direito de petição; as hipóteses de perda e restrição dos direitos fundamentais (a maioria das decisões do Tribunal Constitucional Federal tem-se produzido a propósito dos direitos fundamentais mais importantes, reconhecidos nos arts. 2º, 3º, 12 e 14 da Lei Fundamental — liberdade, igualdade perante a lei, livre expressão de pensamento, liberdade de escolha da profissão e propriedade, direito de sucessão e expropriação)."

No Brasil, a Constituição Federal (CF/88) consigna em seu bojo um "rol" de normas, — vale dizer, de regras e de princípios — das quais retira-se as fundamentais que, por sua vez, *podem ser consideradas como os próprios preceitos fundamentais que se cotejam.*

Como destaca *Daniel Sarmento* [*In* TAVARES, ROTHENBURG (organiz.): 2001, 91]

> "...a propósito da ADPF, '... não se trata de fiscalizar a lesão a qualquer dispositivo da que é, sem dúvida, a maior Constituição do mundo, mas tão-somente aos grandes princípios e regras basilares deste diploma'. *Entre os preceitos fundamentais situam-se, sem sombra de dúvida, os direitos fundamentais, as demais cláusulas pétreas inscritas no art. 60, § 4º, da Constituição da República, bem como os princípios fundamentais da República, previstos nos arts. 1º ao 5º do Texto Magno* (grifos)."

Nesta mesma direção, *Gilmar Ferreira Mendes* [*In* TAVARES, ROTHENBURG (organiz.): 2001, 128] considera que

> "É muito difícil indicar, *a priori*, os preceitos fundamentais da Constituição passíveis de lesão tão grave que justifique o processo e julgamento da argüição de descumprimento.
>
> Não há dúvida de que alguns desses preceitos estão enunciados, de forma explícita, no texto constitucional.
>
> Assim, ninguém poderá negar a qualidade de preceitos fundamentais da ordem constitucional aos direitos e garantias individuais (art. 5º, entre outros). Da mesma forma, não se poderá deixar de atribuir essa qualificação aos demais princípios protegidos pela cláusula pétrea do art. 60, § 4º, da Constituição: princípio federativo, a separação dos poderes, o voto direto, universal e secreto."

De acordo com *Ives Gandra Martins* [*In* TAVARES, ROTHENBURG (organiz.): 2001, 172 — nota 1], um dos membros da Comissão de juristas que elaborou o projeto da Lei n. 9.882/99, que dispõe sobre a argüição de descumprimento de preceito fundamental, nos termos do art. 102, § 1º, da Constituição Federal de 1988, tem-se que

> "O Texto Constitucional consagra como princípios fundamentais (art. 1º): a forma federativa do Estado; o voto direto, secreto, universal e periódico; a separação dos poderes; os direitos e garantias individuais, vedando a deliberação de proposta de emenda tendente a abolir qualquer um desses princípios (art. 60, § 4º), vigas-mestras do Estado democrático brasileiro. Deles defluem, naturalmente, outros princípios, também fundamentais, à medida que asseguram a estabilidade da ordem jurídica nacional, como, por exemplo: a soberania, a cidadania, a dignidade da pes-

soa humana, os valores sociais do trabalho, a livre iniciativa, o pluralismo político, a distribuição de competências entre a União, os Estados, o Distrito Federal e os Municípios, as garantias da ordem econômica e financeira, a proteção à criança, à velhice, aos menos afortunados."

E ainda, conforme TAVARES (2001: 144), verifica-se que

"Assim, o art. 1º da Constituição brasileira refere-se ao princípio republicano, ao federativo, ao democrático, e ao *princípio do Estado de Direito* (grifos). E ainda: soberania, cidadania, dignidade da pessoa humana, direito ao trabalho, livre iniciativa, pluralismo político e soberania popular. A seu respeito, em lição extremamente valiosa para o estudo da argüição, lembra *Heck* que o 'Princípio Democrático, o Princípio Federativo e o Princípio do Estado de Direito fazem parte dos preceitos elementares da Lei Fundamental, assim como o Princípio do Estado Social. Esses preceitos elementares, também denominados pelo Tribunal Constitucional Federal como 'idéias diretrizes', vinculam diretamente o legislador, inclusive o legislador estadual'. É exatamente esta a idéia central que aqui se apresenta, sem, contudo, limitar-se apenas a esses princípios o que se poderia considerar de idéias diretrizes da Constituição brasileira para fins de cabimento da argüição de descumprimento.

Nessa esteira, some-se o disposto no art. 2º, que trata da separação dos poderes, a chamada divisão orgânica do poder, que estabelece como princípio geral do Estado a existência de três Poderes, independentes, mas harmônicos entre si, o Executivo, o Legislativo e o Judiciário.

O art. 3º contempla alguns objetivos fundamentais: uma sociedade livre, justa e solidária (liberdade, justiça e solidariedade); o desenvolvimento nacional (livre iniciativa e concorrência); a erradicação da pobreza, da marginalização e das desigualdades sociais e a proibição de discriminações fortuitas.

Por fim, no art. 4º elencam-se alguns outros princípios que, não obstante dizerem respeito à convivência internacional, haverão de nortear, igualmente, o Estado em suas relações internas: independência nacional; *prevalência dos direitos humanos* (grifos); respeito à autodeterminação dos povos; não-intervenção dos demais Estados; reconhecimento da igualdade entre os Estados; defesa da paz; busca da solução pacífica dos conflitos; repúdio ao terrorismo e ao racismo; cooperação para o progresso humano e concessão de asilo político e busca da integração dos povos da América Latina.

(...)

Ademais, os *Direitos Humanos*, constitucionalmente designados de fundamentais em 1988, em sua maior parte *erigem-se em verdadeiros princípios* (salvo algumas regras constantes do art. 5º, que, na realidade, *consubstanciam verdadeiras regras fundamentais*)."

Os Direitos Humanos Fundamentais, conforme atesta toda a exposição delineada até aqui, devem ser considerados "preceitos fundamentais" no contexto do sistema constitucional brasileiro vigente e, por conseguinte, no âmbito do instituto da *argüição* em estudo.

Sobre o tema, MORAES (2000: 43) esclarece que

"A Constituição Federal de 1988 trouxe em seu Título II os *direitos e garantias fundamentais*, subdividindo-os em cinco capítulos: *direitos individuais e coletivos; direitos sociais; nacionalidade; direitos políticos e partidos políticos.*

Assim, a classificação adotada pelo legislador constituinte estabeleceu cinco espécies ao gênero direitos e garantias fundamentais:

* *direitos individuais e coletivos* — correspondem aos direitos diretamente ligados ao conceito de pessoa humana e sua própria personalidade, como, por exemplo: vida, dignidade, honra, liberdade. Basicamente, a Constituição de 1988 os prevê no art. 5º.

* *direitos sociais* — caracterizam-se como verdadeiras liberdades positivas, de observância obrigatória em um Estado Social de Direito, tendo por finalidade a melhoria das condições de vida aos hipossuficientes, visando à concretização da *igualdade social*, que configuram um dos fundamentos de nosso Estado Democrático, conforme preleciona o art. 1º, IV. A Constituição Federal consagra os direitos sociais a partir do art. 6º.

* *direitos de nacionalidade* — nacionalidade é o vínculo jurídico político que liga um indivíduo a um certo e determinado Estado, fazendo deste indivíduo um componente do povo, da dimensão pessoal deste Estado, capacitando-o a exigir tal proteção e sujeitando-o ao cumprimento de deveres impostos;

* *direitos políticos* — conjunto de regras que disciplina as formas de atuação da soberania popular. São direitos públicos subjetivos que investem o indivíduo no *status activae civitatis*, permitindo-lhe o exercício concreto da liberdade de participação nos negócios políticos do Estado, de maneira a conferir os atributos da cidadania. Tais normas constituem um desdobramento do princípio democrático inscrito no art. 1º, parágrafo único, da Constitui-

ção Federal, que afirma que todo o poder emana do povo, que o exerce por meio de representantes eleitos ou diretamente. A Constituição regulamenta os direitos políticos no art. 14;

* *direitos relacionados à existência, organização e participação em partidos políticos* — a Constituição Federal regulamentou os partidos políticos como instrumentos necessários e importantes para preservação do Estado Democrático de Direito, assegurando-lhes autonomia e plena liberdade de atuação, para concretizar o sistema representativo (grifos todos originais)."

Tem-se a convicção de que o tema acerca dos "preceitos fundamentais" está relativamente bem esclarecido, restando apenas verificar o real sentido dos termos subseqüentes aos "preceitos fundamentais", quais sejam, os *"..., decorrentes desta Constituição..."*.

A leitura do *subitem 3.2.*, logo adiante, demonstrará com propriedade o verdadeiro significado da terminologia enunciada e grifada no parágrafo anterior.

3.2. "... preceito fundamental, 'decorrente desta Constituição'..."

Estribando-se nas derradeiras assertivas elencadas no *subitem 3.1.* anterior, compreende-se que o que falta para completar o raciocínio em vista aos *"preceitos fundamentais"*— não obstante todos os exemplos citados — é a questão da expressão contida no § 1º, do art. 102, da *Constituição Federal* (CF/88), qual seja, a *"..., decorrente desta Constituição..."*.

Realmente, não há dúvidas de que a idéia contida na terminologia em tela não pode ser outra senão a concepção que advém justamente da própria interpretação gramatical/literal denotada — e ratificada pelo DICIONÁRIO AURÉLIO (1999: 611, verbete *decorrente*) — por REALE (1998: 279), interpretação esta que confere à leitura da frase em evidência o sentido de que os "preceitos fundamentais" (as normas consideradas como gênero e as regras e os princípios consignados como espécies) estão originariamente explicitados no seio da própria CF/88 [e é inegável que o termo decorrente *pode vir* a significar que há outros preceitos "noutros lugares" (*sic!*) que não na própria Constituição, o que, diga-se de passagem, considera-se um tanto quanto bem mais difícil e bem pouco provável de ocorrer].

No entanto, mesmo expressamente "enraizados" (*sic!*) na CF/88 conforme exposto no *subitem 3.1.* logo atrás e sem embargo da possibilidade de encontrá-los noutros diplomas (ou mesmo no próprio Direito Natural) (DE PLÁCIDO E SILVA: 2002, 275), cabe precipuamente — conforme fala do ex-Ministro do Supremo Tribunal Federal (STF)

Oscar Dias Corrêa no XXIII Congresso Brasileiro de Direito Constitucional/2002 promovido pelo Instituto Brasileiro de Direito Constitucional (IBDC) — ao STF, como guardião e intérprete máximo da Carta Magna, determinar e demostrar quais são, verdadeiramente, os "preceitos fundamentais que decorrem da CF/88".

TAVARES (2001: 112), peremptoriamente, referenda o juízo e a noção acerca dos "preceitos fundamentais, *decorrentes da CF/88"* de forma que

> "..., por ser conceito próprio da Constituição, a expressão 'preceito fundamental, decorrente da Constituição', tem-se bastante claro que a própria expressão empregada no Texto Supremo já está a sinalizar no sentido de que não cabe senão uma análise do próprio corpo da Constituição para dela se auferir esse conjunto denominado preceitos fundamentais, justamente porque só dela podem decorrer.
>
> Em segundo lugar, porque se se trata, realmente, de um conjunto de preceitos considerados constitucionais, isso significa que foram consagrados no corpo da Constituição, e dele constam expressa ou implicitamente. Ou, em outras palavras, se são 'decorrentes da Constituição', não há como pretender que decorram da lei.
>
> (...)
>
> Assim, ao legislador cabia, mesmo, apenas aplicar a norma, regulando a argüição, dando por pressuposta a noção de preceito fundamental, nos termos exatos em que decorre (naturalmente) da Constituição. Eis a compreensão adequada da expressão 'preceito fundamental decorrente da Constituição' no que refere aos limites e importância da atividade a ser desenvolvida pelo legislador.
>
> Não obstante isso, *o conceito carece de uma interpretação, a ser conduzida, dentro do âmbito estritamente constitucional, pelo intérprete e aplicador da Lei Máxima* (grifos)."

Diante da clareza da exposição, resta aguardar o pronunciamento do STF a respeito do objeto em discussão e conferir o que o guardião da CF/88 considera, de forma clara e definitiva, "preceitos fundamentais decorrentes da Constituição da República Federativa do Brasil", vigente desde 1988.

4. "...será apreciada pelo Supremo Tribunal Federal..."

A inteligência da expressão que dá título a este item determina que a "Argüição de Descumprimento de Preceito Fundamental" (ADPF) seja apreciada (e, por conseguinte, julgada) exclusivamente pelo Supremo Tribunal Federal (STF).

Sendo assim, mister tecer-se algumas considerações a respeito do Tribunal que ocupa o posto mais alto na estrutura do judiciário e, como visto, é o órgão responsável pelo julgamento da ADPF, a qual é o objeto relevante desta obra.

Para tanto, em face da clareza da síntese e por atingir perfeitamente os fins colimados por este item, segue-se na íntegra a lição de MORAES (*Revista Direito Mackenzie* — ano 2 — n. 2, 2001, 40 ss.), o qual relata que

> "O Supremo Tribunal Federal foi criado e organizado pelo decreto n. 848, de 11 de outubro de 1890, editado pelo Governo Republicano provisório, porém já era de inspiração monárquica, pois como ressaltado por Lêda Boechat Rodrigues, 'em julho de 1889, indo Salvador de Mendonça, acompanhado de Lafayette Rodrigues Pereira, despedir-se de D. Pedro II, a fim de cumprir missão oficial nos Estados Unidos, ouviu do Imperador as seguintes palavras: Estudem com todo o cuidado a organização do Supremo Tribunal de Justiça de Washington. Creio que nas funções da Corte Suprema está o segredo do bom funcionamento da Constituição Norte-Americana. Quando voltarem, haveremos de ter uma conferência a este respeito. Entre nós as coisas não vão bem, e parece-me que se pudéssemos criar aqui um tribunal igual ao norte-americano, e transferir para ele as atribuições do Poder Moderador da nossa Constituição, ficaria esta melhor. Dêem toda a atenção a este ponto'.
>
> A primeira sessão do STF ocorreu no dia 28 de fevereiro de 1891, no Rio de Janeiro, no antigo edifício da Relação, à rua Lavradio, às 13 horas, em sessão extraordinária, onde se reuniram os 15 ministros.
>
> Proclamada a República e promulgada sua 1ª Constituição, em 1891, seu artigo 55 da Constituição Federal de 1891 previa que 'o Poder Judiciário da União terá por órgãos um Supremo Tribunal Federal, com sede na Capital da República, e tantos juízes e tribunais federais, distribuídos pelo País, quanto o Congresso criar' e, em seu art. 56, estipulava que 'o Supremo Tribunal Federal seria composto de 15 juízes, entre os cidadãos de notável saber e reputação, elegíveis para o Senado e nomeados pelo Presidente da República, sujeitando-se a aprovação ao Senado'.
>
> Ressalte-se que o STF, sob a citada inspiração norte-americana, nasceu com o papel de intérprete máximo da Constituição republicana, e o controle difuso de constitucionalidade instalou-se de

forma efetiva no Brasil com a Lei Federal n. 221 de 1894, que concedeu competência aos juízes e tribunais para apreciarem a validade das leis e regulamentos, e deixarem de aplicá-los aos caso concretos, se fossem manifestamente inconstitucionais."

O mesmo autor dá prosseguimento à excepcional digressão histórica — sintética e extremamente pertinente, diga-se de passagem — narrando que

> "Posteriormente, *o constitucionalismo brasileiro aliou ao tradicional controle difuso de constitucionalidade a possibilidade de o STF analisar abstratamente a compatibilidade do ordenamento jurídico com a Constituição, por meio do controle concentrado* (grifos).
>
> Primeiramente, a Constituição de 1934, em seu artigo 12, V, previu a possibilidade de intervenção federal em negócios peculiares dos estados, para assegurar a observância de determinados princípios. Essa intervenção somente poderia ocorrer se a Corte Suprema, mediante provocação do procurador-geral da República, declarasse a inconstitucionalidade da lei estadual. Surge assim, no âmbito das competências da Corte Suprema, *o embrião do controle concentrado de constitucionalidade* (grifos).
>
> *Paulo Bonavides*, após apontar as quatro importantes inovações legislativas feitas pela Constituição de 1934, em sede de jurisdição constitucional — *a necessidade da declaração de inconstitucionalidade ser proferida pela maioria absoluta dos membros dos Tribunais, a competência do Senado Federal para suspender a execução total ou parcial de lei ou ato declarado inconstitucional pela Corte Suprema, a previsão de uma ação direta de inconstitucionalidade interventiva e a instituição do mandado de segurança para a defesa de direito certo e incontestável, ameaçado ou violado por ato manifestamente inconstitucional ou ilegal de qualquer autoridade* (grifos originais), conclui que 'os historiadores constitucionais quase todos coincidem em assinalar a importância da Constituição de 1934 como um expressivo marco na progressão do País *rumo a um controle direto de constitucionalidade* (grifos)'.
>
> Na vigência da Constituição de 1946, a Emenda Constitucional n. 16, de 6 de dezembro de 1965, atribuiu ao STF competência para processar e julgar originariamente a representação de inconstitucionalidade de lei ou ato normativo federal ou estadual, apresentada pelo procurador-geral da República, *consagrando definitivamente o controle abstrato de constitucionalidade* (grifos).
>
> A *Constituição de 1988* ampliou a *jurisdição constitucional* do Supremo Tribunal Federal, prevendo a possibilidade de ação direta de inconstitucionalidade por omissão e *argüição de descumprimento de preceito fundamental* (grifos).

Por fim, a Emenda Constitucional n. 3, de 17 de março de 1993, incorporou ao nosso ordenamento jurídico a ação declaratória de constitucionalidade."

O STF, nos termos do art. 92, I, da Constituição Federal, é órgão do Poder Judiciário, autônomo e independente, tendo sua sede em Brasília, Capital Federal. O STF, igualmente, possui autonomia administrativa, organizando suas secretarias e serviços auxiliares e os dos juízos que lhes forem vinculados, velando pelo exercício da atividade correicional respectiva.

As garantias conferidas ao STF têm assim como condão conferir à instituição a necessária independência para o exercício da Jurisdição, resguardando-o das pressões do Legislativo e do Executivo. Dessa forma, enquanto órgão máximo de um dos poderes de Estado, o STF não está subordinado a qualquer outro órgão estatal, devendo obediência somente à Constituição Federal.

No que se refere à composição, à vitaliciedade, à investidura, à Presidência, à exigência de requisitos especiais capacitários e à idade máxima ou mínima, MORAES (*Revista Direito Mackenzie* — ano 2 — n. 2, 2001, 44 ss.) descreve que

> "O STF *compõe-se* de 11 membros, divididos em duas Turmas, que encontram-se no mesmo plano hierárquico, com cinco membros cada uma, uma vez que seu Presidente somente participa das sessões plenárias. '...'. Entendemos que a composição do STF, fixada diretamente pela Constituição Federal, reveste-se da natureza de cláusula de independência do próprio Poder Judiciário. Assim, apesar de possível sua alteração, por emenda à Constituição, qualquer tentativa do Poder Executivo ou Legislativo de alterabilidade deste número, com a flagrante intenção de desrespeito à autonomia da própria Corte ou de suas decisões, além de ser inconstitucional por ferimento às cláusulas pétreas (CF, art. 60, § 4º, III), configurará crime de responsabilidade (CF, art. 85, II). Os membros do STF adquirem a *vitaliciedade* com a posse e a Constituição prevê a aposentadoria compulsória aos 70 anos de idade.
>
> No STF não existe divisão preestabelecida para a determinação das 11 vagas de ministros que são de livre nomeação do Presidente da República, após aprovação por maioria absoluta dos membros do Senado Federal. O Presidente da República, presentes os requisitos constitucionais para *investidura*, escolhe livremente o candidato, que será sabatinado pelo Senado Federal, devendo ser aprovado pela *maioria absoluta* de seus membros (art. 52, III, *a*, e art. 101, parágrafo único, ambos da CF/88), para

> poder ser nomeado pelo Chefe do Executivo. A posse será dada pelo Presidente do STF.
>
> O art. 96, I, *a*, da CF/88, afirma competir aos tribunais a eleição de seus órgãos diretivos. Dessa forma, são os próprios ministros do STF que elegem seu *presidente* e vice-presidente para um mandato de dois anos, configurando-se garantia de independência do próprio Poder Judiciário. Como salienta o ministro Celso de Mello 'trata-se de garantia institucional, inerente a todos os Tribunais do País, que se destina a assegurar o auto governo da magistratura'.
>
> São *requisitos* para a escolha dos 11 ministros do STF serem brasileiros natos (CF, art. 12, § 3º, IV); no gozo dos direitos políticos (cidadãos) e possuírem notável saber jurídico e reputação ilibada. Não se exige bacharelado em ciências jurídicas, e tampouco que os seus membros sejam provenientes da magistratura.
>
> Somente poderão ser ministros do STF aqueles que tiverem idade superior a 35 e inferior a 65 anos."

Por fim, aludindo sobre as garantias, sobre as incompatibilidades ou vedações, sobre a previsão de regulamentação infraconstitucional, sobre a duração do cargo e sobre a previsão de *impeachment*, o mesmo doutrinador, na seqüência, leciona que

> "Aos ministros do STF aplicam-se as mesmas garantias dos demais membros do Poder Judiciário, previstas na CF. Nos termos do art. 95 da CF, os ministros do STF possuem as garantias da *vitaliciedade, inamovabilidade e irredutibilidade de subsídios.* Assim, o membro do STF, em regra, somente perderá seu cargo por decisão judicial transitada em julgado. A *vitaliciedade* (CF, art. 95, I) no STF é adquirida imediatamente no momento da posse. O fato de os magistrados serem vitalícios permite-lhes certa liberdade de preocupações a respeito da aprovação pública e política, permitindo uma atuação mais técnica e imparcial. A *inamovabilidade* consiste na garantia de, uma vez titular do respectivo cargo, não poder o membro do Poder Judiciário ser removido *ex officio* de qualquer outra autoridade, salvo em uma única exceção constitucional por motivo de interesse público (CF, arts. 93, VIII, e 95, II) e pelo voto de dois terços do órgão competente. Por fim, a Carta Magna consagra aos membros do STF a *irredutibilidade de subsídios*, de maneira que não possa haver redução de remuneração como forma de pressão, garantindo-lhe assim o livre exercício de suas competências.
>
> As *vedações* constitucionais aplicáveis aos ministros do STF vêm previstas no art. 95, parágrafo único, incisos I, II e III, da CF;

sendo-lhes vedado exercer, ainda que em disponibilidade, outro cargo ou função, salvo uma de magistério; receber, a qualquer título ou pretexto, custas ou participação em processo e dedicar-se à atividade político partidária. Importante, porém, ressaltar que, excepcionalmente e de forma transitória, o Presidente do STF poderá exercer cargo em outro Poder de Estado. Assim, nos termos do art. 80 da CF, o Presidente do STF faz parte da denominada linha sucessória à Presidência da República, e nos termos do art. 52, parágrafo único, exercerá a Presidência do Senado Federal, durante o julgamento do Presidente da República por crime de responsabilidade.

Não há expressa previsão da existência de uma Lei Orgânica do STF, diferentemente do que ocorre nos ordenamentos jurídicos austríaco, francês, alemão e português. No entanto, os procedimentos de competência do STF são regulados pela Lei n. 8.038/90, salvo as ações diretas de inconstitucionalidade e ações declaratórias de constitucionalidade, que são regulamentadas pela Lei n. 9.868/99 e *a argüição de descumprimento de preceito fundamental, regulamentada pela Lei n. 9.882/99* (grifos). O restante da organização e do funcionamento do Tribunal deve ser regulamentado por seu regimento interno, nos termos do art. 96, I, *a*, da CF.

O cargo é vitalício e, portanto, os ministros poderão nela permanecer até os 70 anos (aposentadoria compulsória), uma vez que inexiste mandato.

Excepcionalmente, a própria CF prevê um abrandamento da vitaliciedade dos ministros do STF ao consagrar em seu art. 52 a competência privativa do Senado Federal para processar e julgar os ministros do STF, nos crimes de responsabilidade. Trata-se de uma regra de responsabilização política dos membros da mais alta Corte Judiciária que pratiquem infrações político-administrativas atentatórias à CF (*impeachment*). Tradicional em nosso direito constitucional, essa regra de responsabilização política foi prevista em todas as constituições republicanas (...) e teve como modelo a Constituição norte-americana, que em sua seção 3 — item 6 afirma que somente o Senado Federal poderá julgar os crimes de responsabilidade."

As informações aqui consignadas, não obstante serem relativamente acessórias, tornam-se consistentes, contextuais e pertinentes, visto que referem-se à estrutura e ao funcionamento do órgão legitimado para a apreciação e para o julgamento da Argüição de Descumprimento de Preceito Fundamental, instrumento este um dos objetos/objetivos principais desta obra.

5. "... na forma da lei"

O Agravo Regimental em Petição n. 1.140-7 — STF — Relator Ministro Sydney Sanches, publicado em 31 de maio de 1996, na p. 18.803, do *Diário de Justiça* consagrou e consolidou definitivamente a necessidade da edição de uma lei que regulamentasse a Argüição de Descumprimento de Preceito Fundamental (ADPF), tal como prescreve a parte final do enunciado constitucional em estudo. O Ministro Sydney Sanches asseverou que "...para a Argüição de Descumprimento de Preceito Fundamental dela [da Constituição Federal de 1988 (CF/88)] decorrente, *perante o STF, exige lei formal* (grifos), não autorizando, à sua falta, a aplicação da analogia, dos costumes e dos princípios gerais do Direito".

Diante da "intransigência" (*sic!*) da Jurisprudência Constitucional em não abdicar da lei formal para que o instituto adquirisse uma configuração efetiva quanto à sua utilização como uma espécie de controle da constitucionalidade, tratou o Legislador de inserir tal lei no sistema jurídico pátrio.

A comissão de juristas notáveis que ficou encarregada — via Portaria editada pelo então Ministro da Justiça *Iris Rezende* em 4 de julho de 1997 — de apresentar sugestões ao Poder Executivo para a redação final da Lei Ordinária [sabe-se que quando a CF/88 expressa somente a palavra *lei*, não mencionando se é *Complementar*, *Delegada*, etc., trata-se do fato de ela (a CF/88) "estar solicitando" a chamada *Lei Ordinária*: pode-se ponderar e denominar tal "estratégia" da Carta Magna de/como uma espécie de *silêncio eloqüente*] requerida pelo § 1º, *in fine*, do art. 102, da CF/88 foi composta por *Celso Bastos, Ives Gandra, Arnoldo Wald, Oscar Dias Corrêa* e *Gilmar Ferreira Mendes* [dos quais só não foi possível entrevistar, durante os diversos congressos sobre Direito Constitucional assistidos, e abordar este e outro tema paralelo objeto de pesquisa ("A Compreensão e a Difusão da CF/88 na Sociedade brasileira" — apresentada pelo autor no 5º Congresso de Iniciação Científica/UNISA — novembro de 2002*)* o Jurista *Arnoldo Wald*. Todos os outros não somente foram extremamente solícitos, como trouxeram consideráveis contribuições à consecução desta (e da outra logo atrás citada) empreitada].

Ao final de inúmeras discussões, divergências, alterações, etc., finalmente, conforme termos do *art. 14. "Esta Lei entra em vigor na data da sua publicação"*, em 3 de dezembro de 1999 [na realidade a Lei da Argüição (LA) foi publicada no *Diário Oficial da União* em 6 de dezembro de 1999], passou a integrar o ordenamento jurídico brasileiro a Lei n. 9.882/99, a qual justamente "Dispõe sobre o processo e julgamento da argüição de descumprimento de preceito fundamental, nos termos do § 1º, do art. 102, da Constituição Federal".

Por ser um instrumento que depende de edição de *lei* para que seu uso se faça presente, visto ser necessária a publicação de uma *lei* ordinária a fim de que seja estabelecida a forma pela qual será apreciada pelo STF a ADPF e com base na lição sempre atual de SILVA (1999:559), considera-se que a Lei n. 9.882/99 advém de uma *norma constitucional de eficácia limitada*, justamente por depender de tal *lei*. Sendo assim, passa-se a abordar a *Lei n. 9.882/99* propriamente dita, principalmente no que concerne a alguns dispositivos legais considerados, pasmem, inconstitucionais (*vide*: Introdução — Item 6. Objetivos Específicos) e em virtude do fato de que no decorrer deste estudo as questões pertinentes à Constituição, quanto ao contexto da ADPF, já foram devidamente pautadas. Passe(a)-se adiante, pois, sem titubear.

6. Lei n. 9.882, de 3 de dezembro de 1999

O diploma de regência em epígrafe foi publicado no *Diário Oficial da União* em 6 de dezembro de 1999, iniciando, portanto, a produzir efeitos "*ex nunc*" (*sic!*) quanto ao seu processo e julgamento. Passa-se, portanto, a partir de então, a apresentar e a analisar (obviamente que não se cogita numa análise tão aprofundada e peremptória — porém bastante profícua e relevante — como seria numa dissertação de mestrado ou, ainda, numa tese de doutorado) *pari passu* todos os dispositivos legais da Lei n. 9.882/99, tarefa esta deveras árdua e trabalhosa, mas que, certamente, terá como sucedâneo sucesso e bom êxito.

6.1. Análise do art. 1º, caput e parágrafo único, da Lei n. 9.882/99

"O Presidente da República

Faço saber que o Congresso Nacional decreta e eu sanciono a seguinte Lei:

Art. 1º A argüição prevista no § 1º do art. 102 da Constituição Federal será proposta perante o Supremo Tribunal Federal, e terá por objeto evitar ou reparar lesão o preceito fundamental, resultante do ato do Poder Público.

Parágrafo único. Caberá também argüição de descumprimento de preceito fundamental:

I — quando for relevante o fundamento da controvérsia constitucional sobre lei ou ato normativo federal, estadual ou municipal, incluídos os anteriores à Constituição;

II — (Vetado)."

O *caput* do artigo em tela "referenda" [ou talvez, "repete e codifica" (*sic!*)] tudo aquilo que foi enfatizado no "*Desenvolvimento — Itens 1 a 5*" desta obra: trata-se de uma modalidade de controle constitucional concentrado/objetivo (e que *pode vir* a ser incidental), que será interposta(o) perante o STF (legítimo *guardião* da Constituição em sede de controle concentrado/objetivo e mesmo em caráter incidental) e que visa *evitar* ou *reparar* lesão a preceito fundamental resultante de ato do Poder Público.

Ao dissertar a respeito deste enunciado, *Alexandre de Moraes* [*In* TAVARES, ROTHENBURG (organiz.): 2001, 18] afirma que

> "A lei possibilita a argüição de descumprimento de preceito fundamental em três hipóteses — *para evitar lesão a preceito fundamental resultante de ato do poder público; para reparar lesão a preceito fundamental resultante de ato do poder público* (grifos) e *quando for relevante a controvérsia constitucional sobre lei ou ato normativo federal, estadual ou municipal, incluídos os anteriores à Constituição* (vide observações sobre o item sublinhado — Parágrafo único, Inciso I, do art. 1º — logo adiante).
>
> 1.3. Espécies de argüição de descumprimento de preceito fundamental
>
> As espécies de argüição de descumprimento de preceito fundamental são duas: argüição preventiva ('evitar lesão') e argüição repressiva ('reparar lesão').
>
> Caberá, preventivamente, argüição de descumprimento de preceito fundamental perante o Supremo Tribunal Federal com o objetivo de se evitarem lesões a princípios, direitos e garantias fundamentais previstos na Constituição Federal, ou, repressivamente, para repará-las, quando causadas pela conduta comissiva ou omissiva de qualquer dos poderes públicos."

O legislador restringiu *"os atos atentatórios e que descumprem a CF/88 quanto aos preceitos fundamentais"* somente àqueles que emergem (resultam de atos) do Poder Público. Logo, *ato resultante da esfera privada* não pode ser argüido em sede de controle concentrado, restando ao "lesado" (*sic!*), neste caso, recorrer ao judiciário pela via difusa.

Nota-se que o dispositivo não disse, nem especificou qual dos Poderes Públicos e nem tampouco falou e/o determinou quais espécies de atos oriundos destes Poderes serão (seriam) *objeto* da ADPF. Em face deste "silêncio eloqüente" quanto aos Poderes Públicos subentende-se que esta prescrição abrange tanto o próprio Judiciário, como o Executivo e o Legislativo, não obstante a reticência do STF em entrar/invadir a esfera/competência dos outros em determinados aspectos "políticos" que envolvam preceitos fundamentais. Quanto a este aspecto (dos Poderes Públicos), apreende-se da leitura do *informativo STF n. 176* que

> "STF — 'O tribunal, examinando questão de ordem apresentada pelo Min. Néri da Silveira, relator, não conheceu de argüição de descumprimento de preceito fundamental (CF, art. 102, § 1º) ajuizada pelo Partido Comunista do Brasil — PC do B, contra ato do Prefeito do Município do Rio de Janeiro que, ao vetar parcialmente, de forma imotivada,

projeto de lei aprovado pela Câmara Municipal — que eleva o valor do IPTU para o exercício financeiro de 2000 — teria violado o princípio constitucional da separação dos Poderes (CF, art. 2º). Considerou ser incabível na espécie a ADPF, dado que o veto constitui ato político do Poder Executivo, insuscetível de ser enquadrado no conceito de ato do Poder Público, previsto no art. 1º da Lei n. 9.882/99' (STF — Pleno — ADPF 1/RJ — Questão de Ordem — Rel. Min. Néri da Silveira, decisão: 3.2.2000)."

Em relação ao "silêncio eloqüente" sobre *atos* emanados do Poder Público pode-se considerar que não se tratam apenas de atos normativos, como é o exemplo da ADIn, mas que tais atos designam outros *atos*, *v.g.*, atos concretos, atos jurisdicionais, além dos próprios atos normativos. *Daniel Sarmento* [*In* TAVARES, ROTHENBURG (organiz.): 2001, 91] ratifica tal hipótese descrevendo que

"*3.2. Atos normativos, administrativos, jurisdicionais e atos privados*

Pela própria redação do *caput* do art. 1º, é possível notar a enorme abrangência da ADPF, que pode ser utilizada não apenas com o objetivo de censurar atos normativos, mas também atos administrativos e até mesmo atos jurisdicionais, *agora sujeitos também ao crivo do controle concentrado de constitucionalidade* (grifos). As hipóteses são as mais diversas: contratos administrativos, editais de licitação e de concurso, decisões de tribunais de contas, entre inúmeros outros atos estatais.

A expressão *ato do Poder Público*, empregada pelo legislador, deve ser compreendida em seu sentido mais lato, e alcança, também, em nosso entendimento, os atos de particulares que agem investidos de autoridade pública, como os praticados por empresas concessionárias e permissionárias de serviço público. Parece-nos, neste particular, perfeitamente cabível a analogia com o mandado de segurança, que também pode ser impetrado contra atos de pessoas jurídicas de direito privado, no exercício de atribuições do Poder Público."

O STF, como visto e em face deste novel instituto, terá muito mais trabalho do que já tem. Acompanhar de perto suas decisões, pois é uma prática *sine qua non* para todos os operadores do Direito, independentemente do seu campo de atuação.

Quanto ao Parágrafo único, reproduz-se a sua redação:

"Parágrafo único. Caberá também argüição de descumprimento de preceito fundamental:

I — quando for relevante o fundamento da controvérsia constitucional sobre lei ou ato normativo federal, estadual ou municipal, incluídos os anteriores à Constituição;

II — (Vetado)."

O parágrafo único (e seus incisos) do art. 1º da LA é um dos dispositivos que mais suscita divergências e — como diz o próprio Inciso I — controvérsias, tanto na doutrina, como na jurisprudência. Tem até ADIn questionando-o! Trata-se da ADIn 2.231-8/2000, proposta pelo Conselho Federal da Ordem dos Advogados do Brasil (CFO-AB), ação esta que questiona o alargamento, pela via ordinária, da competência do STF para julgar atos normativos.

Na doutrina, a crítica mais contundente ao dispositivo (e a toda a lei) parte de *Sérgio Resende de Barros* (*In Revista Direito Mackenzie*, n. 2, ano 1, 2000, p. 198), o qual reflete que

> "Já a Lei n. 9.882/99 parece-me *no todo* inconstitucional, por transformar uma simples argüição de descumprimento de preceito fundamental em verdadeira ação de inconstitucionalidade, dando-lhe *substância e forma, eficácia e efeitos* (grifos originais) não previstos, nem sequer desejados pela Constituição para a ADIN, *como é o caso do controle de leis municipais frente à Constituição Federal* (grifos) e da eficácia contra todos e efeito vinculante relativamente aos demais órgãos do Poder Público."

MORAES (2000: 616) também vai *ao* encontro desta posição quando expõe que

> "Essa hipótese de argüição de descumprimento de preceito fundamental, prevista no parágrafo único do art. 1º, da Lei n. 9.882/99, distanciou-se do texto constitucional, uma vez que, o legislador ordinário, por equiparação legal, também considerou como descumprimento de preceito fundamental qualquer *controvérsia constitucional relevante sobre lei ou ato normativo federal, estadual ou municipal, incluídos os anteriores à Constituição* (grifos originais).
>
> O texto constitucional é muito claro quando autoriza à lei o estabelecimento, exclusivamente da forma pela qual o descumprimento de um preceito fundamental poderá ser argüido perante o Supremo Tribunal Federal. Não há qualquer autorização constitucional para uma ampliação das competências do STF.
>
> *Controvérsias entre leis ou atos normativos e normas constitucionais*, relevantes que sejam, não são hipóteses idênticas ao descumprimento pelo Poder Público de um preceito fundamental, e devem ser resolvidos em sede de controle de constitucionalidade, tanto difuso quanto concentrado."

E completa o raciocínio, o mesmo autor logo atrás citado, na mesma seqüência, afirmando que

> "O legislador ordinário utilizou-se de manobra para ampliar, irregularmente, as competências constitucionais do Supremo Tribu-

nal Federal, que conforme jurisprudência e doutrinas pacíficas, somente podem ser fixadas pelo texto magno. Manobra essa eivada de flagrante inconstitucionalidade, pois deveria ser precedida de emenda à Constituição.

Note-se que foi criada pela Lei n. 9.882/99 a possibilidade de um dos co-legitimados argüir ao Supremo Tribunal Federal a inconstitucionalidade de uma lei ou ato normativo, fora das hipóteses cabíveis no controle da constitucionalidade, quais sejam — controvérsia constitucional relevante sobre lei ou ato normativo municipal e controvérsia constitucional sobre lei ou ato normativo federal, estadual ou municipal anteriores à Constituição Federal. Em ambas as hipóteses o Supremo Tribunal Federal já havia decidido faltar-lhe competência para essa análise, em sede de *ação direta de inconstitucionalidade* (grifos), por ausência de previsão expressa na Constituição Federal, não sendo admissível que o legislador ordinário, por meio de uma manobra terminológica amplie essa competência sem alterar o art. 102, I, *a*, da CF (Compete ao Supremo Tribunal Federal, precipuamente, a guarda da Constituição, cabendo-lhe: processar e julgar, originariamente: a ação direta de inconstitucionalidade de lei ou ato normativo federal ou estadual e ação declaratória de constitucionalidade de lei ou ato normativo federal)."

Não bastasse toda essa "contrariedade" à lei, para completar a plêiade de eminentes jurisconsultos que se filiam à corrente em voga, o Ministro José Carlos Moreira Alves — considerados pela grande maioria dos constitucionalistas como um dos melhores Ministros do STF de todos os tempos —, em palestra proferida no XXIII Congresso de Direito Constitucional/2002 promovido pelo Instituto Brasileiro de Direito Constitucional — IBDC, expôs publicamente — naquilo que se pode considerar como uma verdadeira antecipação do seu voto na ADIn 2.231-8/00, caso ela seja votada antes da "expulsão" do Ministro pelo "pontapé" constitucional dos "70 anos" (aposentadoria compulsória — art. 93, Inciso VI, c.c. art. 40, § 1º, Inciso II, ambos da CF/88) como bem disse (realmente o Min. apenas fez uma brincadeira consigo mesmo) o próprio *Moreira Alves* na ocasião — seu posicionamento no mesmo sentido dos doutrinadores logo atrás em evidência, o que quer dizer que a sua opinião converge na direção de que o alargamento de tal competência do STF pela via ordinária é *inconstitucional*. É, indubitavelmente, uma postura de inquestionável envergadura, a qual, porém, ainda não foi/é suficiente para pôr termo à "pendenga" (*sic!*), visto que há a corrente contrária, conforme verifica-se a partir de então.

Na contramão, *i. e*, indo *de* encontro à postura dos doutrinadores aos quais se fez referências logo atrás, estão outros não menos gabaritados em assuntos legais/constitucionais.

O primeiro partidário desta linha de pensamento antagônica à inconstitucionalidade do dispositivo em realce é *Walter Claudius Rothenburg*, para o qual [*In* TAVARES, ROTHENBURG (organiz.): 2001, 218]

> "Certas situações não podem ser objeto de ação direta de inconstitucionalidade, nem de ação declaratória de constitucionalidade, ou seja, restam excluídas da possibilidade de controle abstrato de constitucionalidade. Tal ocorre, em nosso sistema jurídico, com o direito municipal que contrarie a Constituição da República — o qual não pode ser objeto de ação direta de inconstitucionalidade nem perante o Supremo Tribunal Federal nem perante os Tribunais de Justiça (a menos, neste caso, se também a respectiva Constituição do Estado tiver sido violada, pouco importando que a norma constitucional estadual imite ou reproduza a norma da Constituição da República) — e com o direito anterior a atual Constituição — o qual a vetusta jurisprudência do Supremo Tribunal Federal tem por revogado em caso de incompatibilidade material com a Constituição em vigor.
>
> O intuito da argüição de descumprimento de preceito fundamental foi de albergar essas situações, permitindo um controle concentrado de constitucionalidade que se mostra até mais amplo, *à medida que atinge quaisquer atos municipais ou anteriores* (grifos) (tendo em vista que o art. 1º, *caput*, da Lei n. 9.882/99, fala em 'ato do Poder Público') e não apenas os atos normativos. Essa parece a conclusão mais autorizada, a despeito de o parágrafo único, inciso I, mencionar somente 'lei ou ato normativo' ('federal, estadual ou municipal, incluídos os anteriores à Constituição'): deve-se ter essa menção como meramente ilustrativa, que tem o intuito expresso, como vimos, de acolher situações tradicionalmente excluídas do âmbito da ação direta de inconstitucionalidade, e não como uma restrição de objeto, ou seja uma exceção limitativa ao espectro amplo oferecido pelo *caput* do artigo."

Prossegue, o mesmo autor, na mesma publicação (2001: 219), admitindo que

> "Com relação à possibilidade de fiscalização abstrata de constitucionalidade dos atos normativos municipais, a polêmica é antiga. O elevado número de municípios por certo depõe contra a admissão irrestrita do controle judicial em abstrato dos respectivos atos normativos violadores da Constituição da República; no entanto, a grande quantidade de atos municipais inconstitucionais de teor idêntico recomenda um juízo único e definitivo.

Quanto à fiscalização dos atos anteriores, é criticável a reiterada posição do STF, que leva à possibilidade de decisões conflitantes e à demora em uniformizar a solução judicial dos casos. A ADPF oferece, assim, uma resposta aparentemente adequada em relação a essa fonte de demandas repetidas que pode representar os atos estatais anteriores à Constituição. As reações judiciais que estes produzem sofriam a agravante de não serem admitidas por meio da tradicional fiscalização abstrata de constitucionalidade por via das ações diretas, restando-lhes o modo moroso e atomizado do controle difuso. Com a argüição, abre-se a possibilidade do controle concentrado também para essas reações que, todavia, por serem os atos anteriores à Constituição atual e cada vez mais distanciados no tempo, são reações em extinção.

Ambas as situações (contraste dos atos normativos municipais e dos anteriores), que estavam fora do controle abstrato de constitucionalidade mas — evidentemente — não estavam fora da possibilidade de apreciação judicial concreta e difusa, agora podem chegar diretamente ao Supremo Tribunal Federal, obviando aqueles inconvenientes denunciados pela doutrina."

Daniel Sarmento [*In* TAVARES, ROTHENBURG (organiz.): 2001, 93] "comunga deste posicionamento", quando contrapõe-se à outra corrente trazendo à lume que

> "*Alexandre de Moraes* sustenta que a extensão do controle abstrato de constitucionalidade aos atos normativos municipais seria inconstitucional, pois violaria o desígnio do constituinte originário de restringir este controle às normas federais e estaduais, cristalizado na redação do art. 102, I, alínea *a*, do texto magno. 'Não comungamos deste seu posicionamento'. A Constituição Federal limitou apenas o cabimento da Adin às normas federais e estaduais, mas não estendeu este regramento a todos os mecanismos de fiscalização concentrada de constitucionalidade. Não há qualquer restrição ao controle de atos normativos municipais no art. 102, § 1º, da Constituição Federal, e não há por que traçar, neste particular, qualquer analogia entre a ADPF e a Adin. Até porque, uma das razões que motivou a criação da ADPF foi sua possibilidade de atingir situações que os outros mecanismos já existentes de controle de constitucionalidade não tinham aptidão de alcançar.
>
> Ao contrário do que afirma *Alexandre de Moraes*, não se trata, em nosso entendimento, de extensão da competência do STF por meio de lei, o que efetivamente seria vedado, já que a competência do STF foi discriminada, de modo exaustivo, pelo texto

constitucional. Na verdade, há expressa previsão constitucional da competência do STF para julgamento da ADPF, e a Lei n. 9.882/99 cingiu-se a regulamentar dito instituto, como lhe determinara a Constituição.

Aliás, a nosso ver, é digna de encômios a extensão do controle abstrato à lei municipal, que permitirá ao STF resolver, de uma vez por todas e com eficácia *erga omnes*, as controvérsias envolvendo a constitucionalidade do Direito municipal, evitando com isso o congestionamento ocioso do Judiciário, acarretado pela repetição desnecessária de demandas idênticas, com atrasos na prestação jurisdicional e riscos à isonomia do jurisdicionado. E nem se diga que tal extensão agrava a sobrecarga de trabalho do STF, hoje já tão assoberbado, pois cada ADPF sobre lei municipal julgada corresponderá, seguramente, a um grande número de recursos extraordinários, envolvendo a mesma questão, que o Pretório Excelso não terá de apreciar."

No que se refere ao segundo aspecto, qual seja, quanto ao cabimento da ADPF em face de atos/leis vigentes desde antes da Constituição, o mesmo autor, na mesma edição (2001: 94) continua na sua exposição escrevendo sobre

"3.4. Normas anteriores à Constituição

Como se sabe, a jurisprudência reiterada do STF aponta no sentido do não-cabimento de Adin contra ato normativo anterior à Constituição, sob o argumento de que a questão envolvida é de simples revogação, e não de inconstitucionalidade superveniente. Para o STF, o conflito entre o direito infraconstitucional pretérito e a nova Constituição deve ser equacionado por meio do critério cronológico de resolução de antinomias, e não pelo critério hierárquico.

Diante desta discutível orientação pretoriana, criou-se um vácuo no controle abstrato de normas, prejudicial à segurança jurídica, à medida que a solução de controvérsias relevantes envolvendo a recepção das norma infraconstitucionais deixou de contar com um instrumento definitivo de pacificação dos conflitos, dotado de eficácia *erga omnes*.

Portanto, entendemos que a Lei n. 9.882/99 preencheu, em boa parte, este vazio, ao possibilitar o controle abstrato do direito pré-constitucional, em sintonia, aliás, com a jurisdição constitucional no direito comparado [o autor refere-se à Alemanha, Itália, Espanha e Portugal, nos (países) quais é admissível o controle abstrato de constitucionalidade do direito anterior à Constituição]. Não vemos nisso nenhum tipo de inconstitucionalidade, já que o art.

102, § 1º, da CF/88, não contempla qualquer limitação, expressa ou implícita, relativa às normas pré-constitucionais."

Por fim (não excluindo, obviamente, outros doutrinadores aqui não citados, nem transcritos), pactuando da mesma linha de pensamento e de entendimento dos dois últimos autores, TAVARES (2001: 310) confirma que

"Duas são as mudanças significativas que se vislumbram nesse único inciso (inciso I, do parágrafo único do art. 1º, da Lei n. 9.882/99) e que, em realidade, como visto, já se podiam vislumbrar a partir da própria Constituição e do conceito de 'descumprimento'. Uma, no que se refere ao controle, pelo STF, concentradamente, de atos municipais. Outra, no que atine ao controle, também concentrado, que pode agora ser proposto àquela Corte, de leis e atos normativos, de todos os níveis, que sejam anteriores à Constituição (sem excluírem-se os posteriores).

Com isso, deve-se reavaliar posições já assentes de há muito pelo Supremo. Em primeiro, supera-se o entendimento de que nosso sistema constitucional não admite o controle concentrado de constitucionalidade de lei ou ato normativo municipal em face da Constituição Federal; nem mesmo perante o STF que tem, como competência precípua, a sua guarda, art. 102. Demonstra mais técnica, neste diapasão, a postura do Ministro *Moreira Alves*, ao praticamente ressalvar a possível criação de um novo mecanismo processual, assinalando que: 'A Constituição declara que ao STF compete, precipuamente, a guarda da Constituição Federal (art. 102, *caput*), mas não lhe atribuiu competência para o processamento e julgamento de ação direta de inconstitucionalidade de leis ou atos normativos municipais em face dessa mesma Constituição' (sobre a posição do Ministro quanto à ADPF, vide logo atrás, neste mesmo item). Realmente, pela ação direta não caberia o alargamento para fins de englobar a fiscalização de atos normativos municipais. Mas isso só é realidade para a ação direta genérica (e para a ação declaratória), *não para o controle concentrado, em geral, já agora integrado pela argüição de descumprimento* (grifos).

(...)

É preciso rever, igualmente, a ortodoxa posição de não admitir o controle concentrado de lei e atos normativos anteriores à Constituição Federal atualmente vigente (grifos), já que agora podem ser apreciados em sede de argüição de descumprimento."

Por ainda estar um pouco prematura uma tomada de posição quanto a qual das duas linhas de pensamento deve-se seguir, por ora, fica-se apenas na dúvida quanto a esta questão crucial: a de saber qual, dentre os entendimentos, deve-se filiar-se e qual das duas posições é a mais indicada a ser adotada. Aguardar-se-á, portanto, o desenrolar da pesquisa, para só então estipular a preferência por esta ou por aquela corrente.

6.2. Análise do art. 2º, inciso I e § 1º da Lei n. 9.882/99

"**Art. 2º** Podem propor argüição de descumprimento de preceito fundamental:

I — os legitimados para a ação direta de inconstitucionalidade;

II — (Vetado).

§ 1º Na hipótese do inciso II, faculta-se ao interessado, mediante representação, solicitar a propositura de argüição de descumprimento de preceito fundamental ao Procurador-Geral da República, que, examinando os fundamentos jurídicos do pedido, decidirá do cabimento do seu ingresso em juízo."

Este artigo trata de estabelecer quais são os autores legitimados para a propositura da Argüição e não há muita dificuldade em reconhecê-los, bastando, para tanto, conferir o artigo que determina quais são os que possuem tal legitimação para a interposição da Ação Direta de Inconstitucionalidade, qual seja, o art. 103, I a IX, da Constituição Federal.

O § 1º, do art. 2º, ao ver, restou um tanto quanto "esvaziado" (*sic!*). Não bastasse o veto presidencial ao inciso II do mesmo artigo (o qual permitia a propositura ampla da ADPF por *qualquer prejudicado*), o dispositivo do § 1º, do art. 2º da LA somente permite que o lesado não pertencente ao rol de legitimados em tela interponha a ADPF pela via indireta. Isto quer dizer que aquele que sofreu o prejuízo pelo descumprimento de preceito fundamental da Constituição, se quiser reparar (ou mesmo evitar) tal lesão ficará à mercê e na dependência da "vontade" do Procurador-Geral da República, já assoberbado por sua função constitucional delineada na Constituição Federal de 1988 (CF/88), especificamente no § 1º, do art. 103.

Ora, o Procurador-Geral já é um legitimado para propor a ADPF e, diante dos prováveis inúmeros pedidos para que cuide de "interesses de outrem", ele certamente preferirá agir de acordo com sua própria legitimidade (desde que — obviamente que observando com o máximo zelo a enorme responsabilidade que o cargo lhe confere — perceba que tal ADPF poderá estender os benefícios a toda a sociedade e não só a quem sugeriu a sua propositura) e não em nome de outros, mesmo que a provocação tenha vindo destes prejudicados. Subsiste a estes, portanto, apenas a opção de "torcer" para que o Procurador-Geral da República "acate" a sugestão e interponha a(s) Argüição(ões).

No entanto, como há muito poucas informações na doutrina a respeito desse assunto (do próprio § 1º, do art. 2º da LA), como o instituto ainda está em evolução e ainda está se assentando, resta, unicamente, esperar e observar os acontecimentos que possam vir a envolver esta possível modalidade de Argüição "sugerida" (*sic!*) ao Procurador-Geral da República, a fim de verificar-se como realmente atuará este mecanismo no sistema de controle constitucional pátrio, principalmente no que se refere à previsão auferida no § 1º, do art. 2º, da Lei n. 9.882/99.

6.3. Análise do art. 3º, incisos I a V e parágrafo único da Lei n. 9.882/99

"**Art. 3º** A petição inicial deverá conter:

I — a indicação do preceito fundamental que se considera violado;

II — a indicação do ato questionado;

III — a prova da violação do preceito fundamental;

IV — o pedido, com suas especificações;

V — se for o caso, a comprovação da existência de controvérsia judicial relevante sobre a aplicação do preceito fundamental que se considera violado.

Parágrafo único. A petição inicial, acompanhada de instrumento de mandato, se for o caso, será apresentada em 2 (duas) vias, devendo conter cópias do ato questionado e dos documentos necessários para comprovar a impugnação."

Inicia-se a análise dos dispositivos do art. 3º da LA de "forma inversa", isto é, pelo parágrafo único logo atrás transcrito. Tal começo advém do fato de que a Lei em tela "Dispõe sobre o *processo* (grifos) e julgamento da argüição..." — e este é um dos objetivos precípuos da Lei n. 9.882/99 — e *processo*, especialmente aqueles no âmbito judicial, via de regra e obedecendo o princípio constitucional do *devido processo legal* prescrito no art. 5º, inciso LIII, necessita de advogado para que seu trâmite seja válido. Logo, claro está o porquê da opção por este começo.

Sendo assim, a expressão do referido parágrafo que diz que "A petição inicial acompanhada de *mandato, se for o caso* ..." não soou muito bem à primeira audição. Ora, se é *processo* e é no "campo de ação do judiciário", nada mais lógico que entender-se que também na ADPF seria obrigatória a presença de advogado. Tal assertiva redundaria numa "inutilidade" da frase em projeção. Mas ela está ali e foi obra — ou pelo menos recebeu as primeiras sugestões — de eminentes jurisconsultos. Então, como se elucidar esse dilema?

Alexandre de Moraes [*In* TAVARES, ROTHENBURG (organiz.): 2001, 26] torna compreensível a questão exprimindo que

> "A Lei n. 9.882/99 exige instrumento de procuração quando a petição inicial for subscrita por advogado. Saliente-se, porém, que as autoridades descritas nos incisos I a VII, do art. 103 da Constituição Federal possuem plena capacidade postulatória extraída diretamente do texto constitucional, não se lhes exigindo a representação por meio de advogado [deve-se ressaltar que há uma corrente minoritária, representada pelo prof. *Sérgio Ferraz* (FERRAZ: 1997), no sentido de que há, realmente a necessidade de advogado para tais interposições; *André Ramos Tavares* (*In* TAVARES: 2001, 330) também compactua desta opinião].
>
> Portanto, somente em relação aos legitimados previstos nos incisos VIII e IX, do art. 103, a petição inicial deverá vir acompanhada de instrumento de mandato. Neste ponto, novamente o legislador brasileiro afastou-se do modelo alemão, que prevê a mais ampla e possível capacidade de validamente atuar em um processo perante o Tribunal Constitucional, exigindo-se somente a capacidade de entendimento para a defesa de um direito fundamental. Não se exige, portanto, atuação de um advogado. E o prejudicado pode pleitear sua proteção diretamente perante a Corte."
>
> Sanada está, portanto, a dúvida suscitada alhures.

No que atine ao *caput* e seus incisos não há tantas dúvidas quanto às prescrições de seus enunciados, visto que são relativamente simples, lógicas(os) e versam sobre o próprio *procedimento* (este ligado ao próprio "processo", obviamente) na/da "Ação" de Descumprimento de Preceito Fundamental, de acordo com a explicação encontrada em DE PLÁCIDO E SILVA (2002: 642).

A *petição inicial* será apresentada em *duas vias*, devendo conter *a indicação* (e a respectiva cópia) *do ato questionado* (Inciso *II*) e dos documentos necessários para comprovar a impugnação. Deverá estar expresso, também, *a prova da violação do preceito fundamental* (Inciso *III*) e *o pedido, com suas especificações* (Inciso *IV*).

Os Incisos *I e V* despertam a curiosidade em face do fato de versarem sobre a *"...indicação..."* e *"...sobre a aplicação..."* — e daí em diante segue a mesma redação em ambos os Incisos — *"...do preceito fundamental que se considera violado".*

Ora, de acordo com o que foi pesquisado no desenvolvimento do *Item 3* (e nos seus respectivos *subitens*) sobre "...Preceitos Fundamentais..", ficou patente que, em face do "silêncio eloqüente" proposital e acertado da Lei ao não expressar quais os Preceitos que serviriam de parâmetro e em face do Brocardo *Iura Novit Curia*, caberia ao STF formar jurisprudência no sentido de determinar quais são, realmente, os Preceitos Fundamentais decorrentes da Constituição. Desta forma, caberia, em tese, uma Ação de controle concentrado (qualquer delas, mas, no caso, consentânea e a indicada seria a ADPF).

Ocorre que não é bem essa a rotina assente no STF. É necessária a indicação dos Preceitos, não só por exigência da Lei, mas pela própria orientação do Pretório Excelso, conforme leciona TAVARES (2001: 332) quando diz que

> "A necessidade de apontar o dispositivo da Constituição que se considera violado é praxe adotada pelo Supremo Tribunal Federal, em atenção à incidência do princípio da especificação das normas, e isso apesar de não estar o Tribunal condicionado, no desempenho de sua atividade jurisdicional, às razões de ordem jurídicas invocadas como suporte da pretensão de inconstitucionalidade deduzida pelo autor. Já que, *essa circunstância não suprime à parte o dever processual de motivar o pedido e de identificar na Constituição, os dispositivos alegadamente violados pelo ato normativo que pretende impugnar* (grifos).
>
> *O Supremo é bastante incisivo no particular, em posição totalmente aplicável à argüição de descumprimento, no sentido de que não pode o autor deixar de referir, para os efeitos indicados, quais as normas, quais os princípios e quais os valores efetiva ou potencialmente lesados por atos estatais com menor grau de positividade jurídica* (grifos).
>
> Há, ainda, orientação jurisprudencial no sentido de que se se levanta a inconstitucionalidade sem indicar o dispositivo constitucional expressa ou implicitamente violados, não se deve conhecer da alegação.
>
> A legislação de regência foi expressa em consignar a necessidade de que a petição inicial contenha 'I — a indicação do preceito fundamental que se considera violado (da mesma forma verifica-se tal 'solicitação' no inciso V do art. 3º da Lei n. 9.882/99)'. Pode-se dizer até mesmo que, em função da peculiaridade da argüição de descumprimento, será necessário um maior grau de rigor na exigência de identificar o fundamento jurídico do pedido. É que por ter seu cabimento jungido aos genéricos preceitos fundamentais, torna-se necessário que o autor indique com precisão os motivos pelos quais entende ter havido violação desses preceitos, sob pena de inépcia da petição inicial.

Há de se intensificar, pois, para a argüição, a inclinação já encampada pelo Supremo Tribunal, como se lê do voto do Ministro Moreira Alves: É necessário (...) que venham expostos os fundamentos jurídicos do pedido com relação às normas impugnadas, não sendo de admitir-se alegação genérica de inconstitucionalidade sem qualquer demonstração razoável (...) (grifos)."

De resto, o *Inciso V do art. 3º* da Lei de Regência vai um pouco mais além do que o que está disposto no *Inciso I* do mesmo Artigo, visto que este (o inciso I) simplesmente "*pede*" para que a petição indique o preceito fundamental que se considera violado, enquanto que aquele (o inciso V) "*exige a comprovação*", se for o caso, *da existência de controvérsia judicial relevante sobre a aplicação do preceito fundamental que se considera violado.*

Logo, a controvérsia, no sentido técnico, é aquela instaurada perante o Judiciário, ou levada a conhecimento deste, e pode-se considerar como uma plausível possibilidade de que com apenas uma ADPF sejam resolvidas inúmeras questões "controversas" de uma só vez.

Este é um "avanço" (*sic!*) ainda bastante incipiente e é outro aspecto da Lei n. 9.882/99 que merece ser acompanhado de perto no que concerne às decisões do STF. Estar-se-á, certamente, atento aos acórdãos emanados da Corte no que tange a tal assunto (e aos outros, obviamente).

6.4. Análise do art. 4º e §§ 1º e 2º da Lei n. 9.882/99

"**Art. 4º** A petição inicial será indeferida liminarmente, pelo relator, quando não for o caso de argüição de descumprimento de preceito fundamental, faltar algum dos requisitos prescritos nesta Lei ou for inepta.

§ 1º Não será admitida argüição de descumprimento de preceito fundamental quando houver qualquer outro meio eficaz de sanar a lesividade.

§ 2º Da decisão de indeferimento da petição inicial caberá agravo, no prazo de 5 (cinco) dias."

O que prescreve o § 2º é por demais evidente e refere-se ao recurso cabível quando o relator indeferir a petição inicial "quando não for o caso de argüição de descumprimento de preceito fundamental, faltar alguns dos requisitos desta Lei ou for inepta".

Deste modo, entende-se que se não for ato do Poder Público; se não houver a possibilidade de que um preceito fundamental esteja sendo "descumprido"; se não estiver em cena nenhum dos legitimados; se não houver a indicação deste preceito que se considera violado e a própria indicação do ato questionado; se não houver uma prova inequívoca da violação do preceito fundamental; se não houver o pedido com suas especificações; e, se for o caso, não existir a comprovação da existência de controvérsia judicial relevante sobre a aplicação do preceito fundamental que se considera violado, dentre outros requisitos da Lei, de pronto o relator indeferirá a petição inicial e, por conseguinte, poder-se-á "agravar" tal *decisum*.

O "argüente", entendendo que o relator equivocou-se na sua apreciação e com base neste dispositivo terá 5 (cinco) dias para pleitear a análise do pedido pelo plenário do Tribunal. Tal previsão legal ocorre pelo simples fato de que não poderia *apenas um* magistrado componente de um colegiado recursal definir *sozinho* (redundância proposital) uma ação (mesmo que em preliminar e/ou no juízo de admissibilidade), sendo que, como visto, este não é um juiz singular, como bem definiu o Prof. *Vicente Greco Fº* no Congresso do Instituto Paulista de Magistrados (IPAM) (2001: apontamentos). Ora, se ele é membro de um Tribunal, logo, ele pertence a uma "Turma" e, sendo assim, as decisões devem ser proferidas pelo colegiado. Para tanto, portanto, não só há a referida disposição legal, como também fica a critério do "argüente" aventar da/a possibilidade da interposição do recurso.

Ao ver, foi uma decisão inteligente, visto que não teria cabimento "obrigar" alguém a "compulsoriamente" recorrer, nem tampouco seria verossímil impor ao relator a remessa de seu despacho ao plenário. Andou bem o legislador neste quesito, levando-se em conta todas as vicissitudes possíveis na seara do Direito Processual, sobretudo no que concerne ao Direito Processual Constitucional.

Vale lembrar que o agravo, logo atrás mencionado, poderá ser interposto se o despacho que indeferir liminarmente a petição inicial em sede de ADPF considerar que não é o caso de argüição de descumprimento de preceito fundamental, faltar algum dos requisitos prescritos na Lei ou for inepta, bem como não será admitida quando houver outro meio eficaz de sanar a lesividade.

A última assertiva do parágrafo anterior e presente na própria redação da LA revela o que os doutrinadores denominam "princípio da subsidiariedade" (e é bastante discutível), o que, de certa maneira, restringe de forma severa suas hipóteses de cabimento, conforme relata *Daniel Sarmento* [*In* TAVARES, ROTHENBURG (organiz.): 2001, 103]. O mesmo autor, na mesma seqüência, descreve que

> "O Supremo Tribunal Federal, no julgamento da ADPF n. 3, já aplicou o referido princípio, ao rejeitar a ação, proposta contra decisão judicial do Tribunal de Justiça, em virtude de cabimento de outros meios para sanar a lesividade.
>
> Não há dúvida de que o princípio em questão exclui a possibilidade da argüição, sempre que outro instrumento de fiscalização

abstrata de constitucionalidade for suficiente para sanar a lesão ou ameaça ao preceito fundamental. Assim, por exemplo, não cabe a ADPF para retirada do mundo jurídico de lei ou ato normativo estadual, posterior à Constituição, pois para isso já existe a ADIn. Do mesmo modo, a ADPF será inadmissível para a declaração da constitucionalidade de lei ou ato normativo federal superveniente à ordem constitucional, pois para tal finalidade é possível o uso da Adcon."

Há uma conotação por demais pertinente dada por *Alexandre de Moraes* [*In* TAVARES, ROTHENBURG (organiz.): 2001, 26] ao art. 4º, § 1º em comento, a qual — tanto quanto todas as outras citações — vale ser "'encartada" nesta dicção, em virtude do fato de que,

> "Obviamente, esse mecanismo de efetividade dos preceitos fundamentais não substitui as demais previsões constitucionais que tenham semelhante finalidade, *tais como o habeas corpus, habeas data; mandado de segurança individual e coletivo; mandado de injunção; ação popular; ações diretas de inconstitucionalidade genérica, interventiva e por omissão e ação declaratória de constitucionalidade* (grifos), desde que haja efetividade em sua utilização, isto é, sejam suficientes para evitar ou reparar a lesão a preceito fundamental causada pelo Poder Público.
>
> Observe-se, porém, que *o cabimento da argüição de descumprimento de preceito fundamental não exige a inexistência de outro mecanismo jurídico, mas seu prévio esgotamento sem real efetividade, ou seja, sem que tenha havido cessação à lesividade a preceito fundamental, pois a lei não previu exclusividade de hipóteses para a utilização da argüição de descumprimento de preceito fundamental, mas sua subsidiariedade* (grifos)."

Sobre o mesmo tema e também com muita propriedade, *Walter Claudius Rothenburg* [*In* TAVARES, ROTHENBURG (organiz.): 2001, 225] completa a abordagem dizendo que

> "Com efeito, a argüição de descumprimento de preceito fundamental não deve substituir outras ações ou 'saltar' os recursos judiciais (no sentido de graus de jurisdição), em princípio. Contudo, o caráter subsidiário haverá de ser avaliado em função não apenas da inexistência, mas também da ineficácia de outros meios de controle judicial: o fator 'tempo' podendo recomendar 'a antecipação de decisões sobre controvérsias constitucionais relevantes' (*Gilmar Ferreira Mendes*), num cenário de decisões pontuais

divergentes e de insuportável demora do trâmite processual até decisões definitivas (não necessariamente homogêneas).

Ressalta o caráter de ação ou incidente *autônomos* de impugnação, que a argüição de descumprimento de preceito fundamental possui, visto que somente será cabível quando não for razoavelmente exigível do autor a utilização de outro meio judicial. Há certa analogia com o *habeas corpus*, também ele uma medida judicial autônoma destinada à tutela do direito constitucional de liberdade de locomoção e não um recurso para revisão de decisões judiciais; e tanto o *habeas corpus* quanto a argüição de descumprimento de preceito fundamental podem ter por objeto uma decisão judicial, não para rediscuti-la, mas para impugná-la diretamente enquanto ato do Poder Público lesivo de preceito fundamental (no caso de argüição)."

Em relação ao *caput* do art. 4º, da Lei n. 9.882/99 — tem-se a convicção de que, a respeito do § 1º, do mesmo art. 4º, restou claro e evidente o chamado "princípio da subsidiariedade" —, não obstante toda a digressão efetuada sobre tal princípio, tem-se que a petição inicial pode ser indeferida liminarmente quando o relator entender que ela é *inepta* [cabe relembrar e salientar que os tópicos contidos no dispositivo em tela, quais sejam, "quando não for o caso de argüição de descumprimento de preceito fundamental (isto é, quando for o caso de *Habeas Corpus*, *Habeas Data*, Mandado de Segurança, etc.) e faltar algum dos requisitos prescritos nesta Lei" já estão sendo, implícita e explicitamente, abordados nesta obra].

A *inépcia da petição inicial* é uma situação que se verifica quando esta não produz efeitos jurídicos por vícios que a tornam confusa, contraditória, inconcludente, incoerente, desconexa, etc. E, ainda, apesar de relativamente redundante com o que foi exposto logo atrás e alicerçado em GUIMARÃES (1998: 364) "a petição inicial pode ser considerada *inepta* por lhe faltarem os requisitos exigidos pela lei, não se apoiar em direito expresso ou por não se aplicar à espécie o fundamento invocado".

DE PLÁCIDO E SILVA (2002: 429) dá contornos finais ao assunto sobre inépcia descrevendo que

> "*Inepto* é derivado do latim *ineptus* (inapto, inoportuno) e quer geralmente exprimir a qualidade do que é parvo, ignorante, inábil e inidôneo. Na linguagem forense, revela a qualidade, estado ou caráter do que não se faz na devida *forma* ou não se apresenta revestido das *formalidades legais*. É assim que se diz *inepta* para a petição ou contestação, a que faltem requisitos essenciais ou que não tenham sido formulada segundo a regra ou o estilo."

6.5. Análise do art. 5º e §§ 1º ao 3º da Lei n. 9.882/99

"**Art. 5º** O Supremo Tribunal Federal, por decisão da maioria absoluta de seus membros, poderá deferir pedido de medida liminar na argüição de descumprimento de preceito fundamental.

§ 1º Em caso de extrema urgência ou perigo de lesão grave, ou ainda, em período de recesso, poderá o relator conceder a liminar, *ad referendum* do Tribunal Pleno.

§ 2º O relator poderá ouvir os órgãos ou autoridades responsáveis pelo ato questionado, bem como o Advogado-Geral da União ou o Procurador-Geral da República, no prazo de 5 (cinco) dias.

§ 3º A liminar poderá consistir na determinação de que juízes e tribunais suspendam o andamento de processo ou os efeitos de decisões judiciais, ou de qualquer outra medida que apresente relação com a matéria objeto da argüição de descumprimento de preceito fundamental, salvo se decorrente de coisa julgada.

§ 4º (Vetado)."

A inteligência do *caput* deste art. 5º mostra que por decisão da maioria absoluta — entende-se por maioria absoluta a metade mais um da totalidade dos votos [GUIMARÃES (1998: 399)], o que determina que a liminar, para ser deferida, necessita "receber" 6 (seis) votos favoráveis — de seus membros o STF poderá deferir pedido de medida liminar, exceto no caso de extrema urgência ou perigo de lesão grave, ou ainda, em período de recesso, ocasiões em que a liminar poderá ser expedida em despacho único pelo Ministro Relator, *ad referendum* do Plenário da Suprema Corte. Logo, a medida liminar somente poderá ser deferida pelo relator se presentes os requisitos da "excepcional urgência e pelo evidente perigo de lesão grave" *no momento em que o Tribunal estiver em recesso* e, mesmo assim, necessitando do *referendum* do Pleno após o término desta paralisação para continuar a produzir efeitos outorgados pelo despacho do então Ministro Relator. Caso contrário, este terá, obrigatoriamente, que submeter a questão ao Plenário para que o pedido de liminar seja apreciado e deferido ou não, de acordo com o próprio entendimento dos componentes do STF.

No § 2º, do art. 5º da LA está inserido o verbo conjugado no futuro do presente, qual seja, "*poderá*", no prazo comum de 5 (cinco) dias, o relator ouvir os órgãos ou autoridades responsáveis pelo ato questionado, o Advogado-Geral da União e o Procurador-Geral da República. Claro está, portanto, que o dispositivo outorga, explicitamente, uma discricionariedade e não uma obrigatoriedade ao relator para, querendo (e não devendo) "ouvir" os entes logo atrás citados. O peremptório entendimento desta questão advém da profícua pronúncia de *Walter*

Claudius Rothenburg [*In* TAVARES, ROTHENBURG (organiz.): 2001, 231], o qual narra que

> "...a Lei n. 9.882/99 (art. 5º) exige expressamente o quórum qualificado de maioria absoluta para a concessão da liminar, salvo 'em caso de extrema urgência ou perigo de lesão grave, ou ainda, em período de recesso' (§ 1º do art. 5º da Lei n. 9.882/99), quando então a concessão caberá ao relator, '*ad referendum* do Tribunal Pleno'. Não deve causar espanto essa exigência, que nada mais faz do que estender o disposto no art. 97 da Constituição também ao juízo liminar, que é inerente ao juízo pleno. Some-se a exigência de quórum para julgamento: a presença mínima de oito Ministros, conforme dispõe o art. 22 da Lei n. 9.868 e o art. 8º da Lei n. 9.882/99 (que preferiu a linguagem fracionária: fala em 'dois terços dos Ministros', o que obriga o profissional do Direito — nem sempre exímio matemático — a uma operação de divisão e arredondamento, pois o Supremo Tribunal Federal compõe-se de 11 Ministros; a justificativa oculta talvez resida na intenção de aumentar-se o número de Ministros...)."

O dispositivo contido no § 3º, do art. 5º, da Lei n. 9.882/99 é uma das prescrições que mais alvoroço causou (e ainda está causando) no meio jurídico-doutrinário, sendo, inclusive, objeto da ADIn 2.231-8 impetrada pelo Conselho Federal da Ordem dos Advogados do Brasil (CFOAB) em 2000 perante o STF. Para muitos doutrinadores (e também no bojo da própria ADIn 2.231-8/2000) tal norma é uma espécie de "avocatória camuflada" [segundo o DICIONÁRIO AURÉLIO (2001: 242), *avocar*, do "latim *avocare*, significa atribuir-se, arrogar-se, chamar, atrair"; para GUIMARÃES (1998: 117), *avocatória* é o "ato processual pelo qual o juiz, por *carta avocatória*, chama ao seu juízo prevento causas que são de sua atribuição ou jurisdição"; e como bem descreveu Rubens Aprobatto Machado — Presidente do Conselho Federal da OAB na época — no XXII Congresso Brasileiro de Direito Constitucional do Instituto Brasileiro de Direito Constitucional (IBDC) realizado em 2001, a avocatória é um flagelo similar aos "famigerados Decretos-Leis"], o que, para grande parte dos juristas consultados no decorrer desta pesquisa é uma flagrante afronta ao Estado de Direito e uma possível volta aos "áureos tempos" (*sic!*) da ditadura militar e seus famosos AI's — Atos Institucionais.

Ingo Wolfgang Sarlet [*In* TAVARES, ROTHENBURG (organiz.): 2001, 155] referenda o aludido descrevendo que

> "...o objeto do provimento cautelar é mais amplo, já que, para além da suspensão do andamento de processos judiciais, foi prevista até mesmo a possibilidade de suspensão dos *efeitos* de decisões judiciais ou de qualquer outra medida que apresente

relação com a matéria objeto da argüição de descumprimento de preceito fundamental, salvo se decorrentes de coisa julgada, o que, para muitos (inclusive já antes da entrada em vigor de ambas as leis) tem sido considerado como significando, em verdade, *a reintrodução da avocatória...*".

Em sentido contrário ao exposto até então, outros juristas entendem que tal despacho somente será/seria deferido em caráter *liminar (provisório)* e, desse modo, apenas *suspenderá/suspenderia* a tramitação dos processos e/ou de seus respectivos efeitos, desde que não tenha/tivesse havido o trânsito em julgado de nenhum deles. Além disso, alega-se que a suspensão em despacho liminar não decide diretamente o *mérito* deste ou daquele caso concreto que tramita nas inúmeras varas e comarcas do Brasil e não afeta o livre convencimento do juiz de forma direta, nesta situação. O caráter indicativo e/ou vinculante (sobre os efeitos da decisão em sede de ADPF, vide comentários aos arts. 10 e §§; e 11, logo adiante) somente verificar-se-ia após a decisão de mérito ao final do julgamento da Argüição de Descumprimento de Preceito Fundamental.

Ora, de acordo com a corrente que entende ser um dispositivo útil para a celeridade e para a segurança jurídica (e ainda sem um juízo de valor definitivo formatado pelo pesquisador), tal suspensão serviria para que o mérito da questão fosse decidido ao seu tempo e, dessa maneira, este pronunciamento final (e de mérito) passaria a ser o norte a ser seguido pelo judiciário e não uma "obrigação" (sobre os efeitos da decisão em sede de ADPF, vide comentários aos arts. 10 e §§; e 11, logo a seguir) do magistrado em seguir tal indicação, visto que é patente e notória a autonomia e o livre arbítrio deste em suas decisões, desde que devidamente fundamentadas, conforme prescreve o Inciso IX do art. 93 da CF/88.

Sucede-se que, uma vez decidida a questão e prolatado o acórdão referente à ADPF que exemplifica esta elucidação e este ou aquele magistrado em sede de controle difuso seguir orientação contrária à estabelecida pelo Pretório, possível e certamente o Tribunal Constitucional receberia inúmeros recursos que assoberbariam de trabalho o STF mais do que ele já está, o que, de certa maneira e com razão, acarretaria "mais demora e menos segurança jurídica". É por estes e por outros motivos (e divergências) que o Direito é, realmente, cativante.

Segundo esta linha de pensamento, em vez da suspensão ser uma afronta ao Estado de Direito, tal medida seria, na verdade, uma providência salutar ao próprio Estado de Direito, em virtude do fato de que promoveria a chamada "segurança jurídica" e resolveria diversos casos concretos de forma congruente e coerente. Ocorre que, independentemente do juiz singular decidir a lide *inter partes* improcedente ou procedente, o importante é que a fundamentação, no que diz respeito a um possível descumprimento de preceito fundamental julgado numa lide *inter partes* tenha sempre a guarida da decisão proferida pela Corte Constitucional do Brasil em face daquela ADPF que está ligada ao caso em disputa. Daí surgiria, portanto, a lógica e o nexo das resoluções prós ou contra o autor e/ou o demandado, evitando-se, sobretudo, "colossais contradições" (*sic!*) verificadas em diversos julgamentos oriundos do Judiciário.

Da leitura do que expôs *Walter Claudius Rothenburg* [*In* TAVARES, ROTHENBURG (organiz.): 2001, 225] nota-se que

> "A propositura anterior de uma argüição autônoma não impede que floresçam medidas judiciais específicas (controle concreto-difuso) sobre o assunto, embora possa uma liminar incidental naquele processo objetivo afetar estas, nos termos do art. 5º, § 3º, da Lei n. 9.882/99. A existência de medidas judiciais específicas também não tem o condão de impedir a propositura de argüição autônoma, mas pode impedir que se suscite a argüição incidental, em razão da subsidiariedade. Preferir-se-á a argüição de descumprimento de preceito fundamental sempre que assim o recomende a importância da questão (e provavelmente também a demora em sua reapreciação pelos diversos graus de jurisdição). Finalmente, a propositura de argüição autônoma impede seja suscitada uma argüição incidental e vice-versa, não por causa da subsidiariedade (que pode aplicar-se a ambas as modalidades), mas por causa da prevenção."

Daniel Sarmento [*In* TAVARES, ROTHENBURG (organiz.): 2001, 87], partidário desta corrente e em apenas um parágrafo expõe seu ponto de vista ao mesmo tempo em que fala sobre o instituto da "argüição incidental" e da "avocatória". Sem embargo, do entendimento deste parágrafo tem-se que

> "Já a argüição incidental, cuja existência infere-se da leitura de diversos dispositivos esparramados assistematicamente pelo corpo da lei, como o art. 5º, § 3º, e o 6º, § 1º, representa um mecanismo destinado a provocar a apreciação do Supremo Tribunal Federal sobre controvérsia constitucional relevante, que esteja sendo discutida em processo submetido a qualquer outro juízo ou tribunal, quando inexistir outro meio idôneo para sanar a lesividade ao preceito fundamental. Se o Supremo conhecer da argüição incidental, ele não vai julgar a causa, como acontecia no instituto da Avocatória, de triste memória. Irá tão-somente manifestar-se sobre a questão constitucional, resolvendo-a, sem decidir o caso concreto, à semelhança do que já ocorre no incidente de argüi-

ção de inconstitucionalidade nos tribunais, característico do controle difuso, e que se encontra regulado nos arts. 480 a 482 do Código de Processo Civil (*vide*, também, art. 97 da CF/88)."

TAVARES (2001: 353) completa o raciocínio com mais uma das suas inúmeras intervenções calcadas pela lucidez, dizendo que

"4.4.4. Suspensão do andamento de processos ou dos efeitos de decisão judicial

A possibilidade de que o Supremo Tribunal Federal profira decisão que seja capaz de suspender o trâmite de processos em curso já foi admitida pela jurisprudência da própria Corte, por ocasião do julgamento de mandado de injunção, onde restou assente: '(...) que se determine, se se tratar de direito constitucional oponível contra o Estado, a suspensão dos processos judiciais ou administrativos de que possa advir para o impetrante dano que não ocorreria se não houvesse a omissão inconstitucional'. Portanto, não constitui propriamente novidade a referida previsão normativa, que, de resto, é medida de grande alcance, inserindo-se, tranqüilamente, no contexto das cautelares.

Comentando referida inclinação do Supremo Tribunal Federal, *Gilmar Ferreira Mendes* complementa: 'Essa faculdade legitima, igualmente, a edição de outras medidas que garantam a posição do impetrante até a expedição das normas pelo legislador'.

Um dos pontos nodais da Lei está na possibilidade de *suspender* (grifos) processos judiciais em curso. Talvez seja um ponto de contraste com as atuais ações de controle concentrado.

Permite-se, por meio de liminar em argüição, antecipar o deslinde de uma questão que possa estar ameaçando a coerência da ordem jurídica, pelo surgimento de decisões precárias do Poder Judiciário, sobre determinado tema, e de forma totalmente contraditória entre si. Incluem-se as controvérsias judiciais. Conclama-se, neste sentido, por uma decisão definitiva."

Após a exposição das controvérsias e das divergências entre as duas linhas de pensamento, ambas com seu grau de plausibilidade — razão pela qual não emite-se, neste momento qualquer juízo de valor a respeito dessa dissensão, deixando, por ora, tal reflexão para o leitor —, é relativamente razoável perfazer-se um pequeno resumo do que dispõe o art. 5º e seus §§.

Segue-se, pois, que a competência para a análise do pedido de medida liminar é do Plenário do Supremo Tribunal Federal, o qual somente poderá deferi-la por maioria absoluta, 6 (seis), de seus membros. Se ficar patente que o caso é de extrema urgência ou que há perigo de lesão grave, ou ainda, durante o recesso, a liminar poderá ser deferida pelo Ministro Relator ou pelo Ministro que estiver de plantão, deferimento este que dependerá do referendo do Pleno do STF.

O Ministro Relator (ou o de plantão) *tem a faculdade* de ouvir a respeito do tema os órgãos ou autoridades responsáveis pelo ato questionado, o Advogado-Geral da União e o Procurador-Geral da República, no prazo de 5 (cinco) dias. Neste quesito, apesar de não ter-se pronunciado no decorrer da digressão, vale ressaltar que, conforme alude MEIRELLES (2001: 425),

> "... o próprio STF vem requerendo essa manifestação nos diversos processos sobre a legitimidade do direito estadual ou federal, em virtude do fato de que, por ser possível a apreciação de inconstitucionalidade em tese de norma legal ou ato normativo, seria legítimo sustentar a necessidade de audiência do Advogado-Geral da União como decorrência do § 3º do art. 103 da CF/88. Referido dispositivo constitucional, entretanto, não obriga à defesa do ato, como um dever inexorável, mas determina apenas a necessidade de manifestação. Sustentar, *por exemplo* (grifos), a obrigatoriedade de defesa do ato impugnado, havendo decisão anterior da Suprema Corte representaria anomalia incompatível com a efetividade das normas constitucionais."

Por fim, a liminar poderá consistir na determinação de que juízes e tribunais *suspendam* o andamento de processo ou os efeitos de decisões judiciais, ou de qualquer outra medida que apresente relação com a matéria objeto da argüição de descumprimento de preceito fundamental, exceto se tais efeitos e/ou medidas sejam decorrentes de processo já com seu trânsito em julgado.

Aguarda-se com uma certa ansiedade o desfecho desta polêmica, sobretudo quanto ao posicionamento que o STF tomará em face do que dispõe o § 3º, do art. 5º, da Lei n. 9.882/99.

6.6. Análise do art. 6º e §§ 1º e 2º da Lei n. 9.882/99

> "**Art. 6º** Apreciado o pedido de liminar, o relator solicitará as informações (grifos) às autoridades responsáveis pela prática do ato questionado, no prazo de 10 (dez) dias.
>
> **§ 1º** Se entender necessário, poderá o relator ouvir as partes nos processos que ensejaram a argüição, requisitar informações adicionais, designar perito ou comissão de peritos para que emita parecer sobre a questão, ou ainda, fixar data para declarações, em audiência pública, de pessoas com experiência e autoridade na matéria.
>
> **§ 2º** Poderão ser autorizadas, a critério do relator, sustentação oral e juntada de memoriais, por requerimento dos interessados no processo."

Trata, o art. 6º e seus §§, de formalidades às quais o Ministro Relator "deve" e/ou "pode" seguir. De acordo com o relato de MEIRELLES

(2001: 425), "Se não houver pedido de liminar, *deverá* (grifos) o relator solicitar *informações* às autoridades responsáveis pelo ato questionado, que disporão do prazo de 10 dias para oferecê-las (art. 6º, *caput*, da LA)". Já fora mencionado nesta mesma pesquisa que quando estiver presente no texto de Lei o verbo *dever*, as ações do magistrado (ou de quem quer que esteja sob a égide deste dispositivo) serão *vinculadas*, isto é, o juiz *deverá* agir em estrita consonância com o que descreve/prescreve tal texto legal.

Havendo pedido de liminar, após a decisão (deste pedido de liminar) haverá novo pedido de informações, desta vez relativas à própria controvérsia material (art. 6º). É esta a inteligência que se depreende do art. 6º, *caput*, visto que este prescreve, *in verbis*, que "Apreciado o pedido de liminar, o *relator solicitará* (nesta disposição está contido um *mandamento legal*, visto que *o texto diz que o relator solicitará* — portanto, *deve solicitar* — e não diz que ele *poderá pedir* informações, se assim o desejar) informações às autoridades responsáveis pela prática do ato questionado, no prazo de 10 (dez) dias".

Tal determinação do *caput* não tem o mesmo condão mandamental quando a análise parte para os parágrafos do art. 6º. Ora, o § 1º deste artigo prescreve que "Se entender necessário, *poderá* o relator ouvir as partes que ensejaram a argüição, (*poderá*) requisitar informações adicionais, (*poderá*) designar perito ou comissão de peritos para que emita parecer sobre a questão, ou ainda, (*poderá*) fixar data para declarações, em audiência pública, de pessoas com experiência e autoridade na matéria".

O § 2º, do art. 6º, da Lei n. 9.882/99, no mesmo sentido, prescreve que "*Poderão* (grifos) ser autorizadas, a critério do relator, sustentação oral e juntada de memoriais, por requerimento dos interessados no processo". Nota-se que, se por um lado a Lei conferiu discricionariedade ao relator, o mesmo não se pode dizer sobre os interessados, pois, como denota o § 2º em comento, *in fine*, "por requerimento dos interessados no processo" significa que o relator somente terá seu "poder de escolha" provocado se os próprios interessados "argüirem tal intenção".

NISHIYAMA (2001: 90) sintetiza o que prescreve o art. 6º e seus §§ 1º e 2º, relatando que

> "Após a apreciação de medida cautelar, o relator solicitará as informações às autoridades responsáveis (vale lembrar que a ADPF somente tem cabimento quando estiver em cena 'Ato do Poder Público' — art. 1º, *caput*, *in fine*, da Lei n. 9.882/99) pela prática do ato questionado, no prazo de 10 dias. Poderá, ainda, o relator, se entender necessário, ouvir as partes nos processos que ensejaram a argüição de descumprimento de preceito fundamental,

requisitando informações adicionais, designando perícia ou comissão de peritos para que emita parecer sobre a questão, ou, também, fixar data para declarações, em audiência pública, de pessoas com experiência e autoridade na matéria. Se houver requerimento de sustentação oral e juntada de memoriais, o relator a seu critério, poderá deferi-los ou não."

6.7. Análise do art. 7º e parágrafo único da Lei n. 9.882/99

"**Art. 7º** Decorrido o prazo das informações, o relator lançará o relatório, com cópia a todos os ministros, e pedirá dia para julgamento.

Parágrafo único. O Ministério Público, nas argüições que não houver formulado, terá vista do processo, por 5 (cinco) dias, após o decurso do prazo para informações."

O art. 7º, *caput* e parágrafo único, da Lei n. 9.882/99, segundo MEIRELLES (2001: 426), deve ser inserido, no que tange ao seu dispositivo, como um "procedimento", isto é, "uma formalidade processual".

Talvez nem fosse necessário socorrer-se do jurista para emitir-se tal parecer, em vista à lógica do que prescreve o artigo em tela. Porém, tenha-se presente que é uma prática "consuetudinária" (*sic!*) do pesquisador pautar-se na doutrina e na jurisprudência toda vez que alguma informação nova neste texto é (foi e será) acrescentada. Faz parte do *modus operandi* de toda revisão bibliográfica conceptual e convencional e desta imposição não se cogita sequer na hipótese de/em não arcar-se com este "*ônus*" imposto a todos os que, justamente, militam na seara acadêmica.

O *relatório* é a primeira parte das três que compõem uma sentença e/ou um acórdão. Esta afirmação é oriunda da leitura dos artigos 162 e seus §§, 163 a 165 e 458, I a III, todos do Código de Processo Civil (CPC). "O '*relatório*', que conterá os nomes das partes, a suma do pedido e da resposta do réu, bem como o registro das principais ocorrências havidas no andamento do processo" é o que reza o Inciso I, do art. 458, do CPC.

Por este ângulo de visão, qual seja, uma interpretação literal e restritiva, o Ministro Relator limitar-se-ia a somente "relatar" o ocorrido, a narrar os fatos e as controvérsias e a incluir as informações, as argumentações, as razões, memoriais, etc., neste relatório. Sendo assim, na parte *"dispositiva"* (art. 458, II, do CPC) da ADPF em questão, o Ministro não poderia "fundamentar", nem, muito menos, *"decidir"* (art. 458, III, do CPC), o que realmente não pode ocorrer. No entanto, em relação a segunda parte (sobre a fundamentação prevista no art. 458, II do CPC), é por demais óbvio que o relator lançará as cópias a todos os Ministros com a *fundamentação* agregada ao próprio *relatório* em sentido estrito.

Na data marcada para o julgamento, "pedida pelo relator", conforme dispõe o *caput* do art. 7º da LA, haverá este ou aquele Membro que seguirá totalmente o voto do relator; haverá os que seguirão parcialmente e perceber-se-á, hipoteticamente, os que votarão na direção contrária. Vale lembrar que as combinações possíveis nas votações em sede de julgamento do Pleno não se resumem apenas às três aqui aventadas, as quais, porém servem como exemplos de "espécies do gênero do qual advém estas espécies" (é essa lógica, mesmo): nos julgamentos do Pleno, havendo o quórum máximo (11 Ministros), as votações poderão apresentar um "placar" (*sic!*) de 11 a zero, 10 a 1, 9 a 2, 8 a 3, etc., tanto para o lado da procedência, como pela improcedência do(s) pedido(s) efetuado(s) nesta modalidade de controle da constitucionalidade.

Ao Pleno, portanto, caberá, se for o caso e após conferir-se as notas taquigráficas, mudar ou não a *fundamentação* para, a partir de então, proferir e prolatar a *decisão*, mantendo-se, no entanto, o *relatório inicial* — até por uma questão de lógica — em sede de ADPF (vide art. 8º logo a seguir).

Na seqüência do exposto sobre o *caput* do art. 7º, da Lei n. 9.882/99 tem-se, nos termos do § 1º, do art. 103 da Constituição Federal do Brasil de 1988 (CF/88), a determinação de que, de acordo com a redação original, "O Procurador-Geral da República deverá ser previamente ouvido nas ações de inconstitucionalidade e em todos os processos de competência do Supremo Tribunal Federal (STF)".

Desta forma, não obstante uma eventual redundância, a Lei n. 9.882/99, no parágrafo único, de seu art. 7º, previu que o Ministério Público, nas argüições em que não houver formulado, terá vista do processo, por 5 (cinco) dias, após o decurso do prazo para *informações* (sobre estas *informações*, vide a análise ao art. 6º e §§, logo atrás, no Desenvolvimento — *item 6.6.*, desta obra). Como consectário, a audiência do Ministério Público, isto é, do Procurador-Geral da República, somente será obrigatória, após as *informações*, nas argüições que não forem por ele formuladas.

Apesar de ser um "substantivo procedimental" (*sic!*) (evidente, que recebe atenção, que tem destaque, etc.) e não receber a atenção que outros dispositivos deste Diploma Legal acolhem — especialmente os arts. 1º, 4º, 5º, 10 e 11 da L.A. — é notório que no Brasil, fazendo-se uso das palavras proferidas pelo constitucionalista português Carlos Blanco, no XXIII Encontro de Direito Constitucional/2002, promovido pelo Instituto Pimenta Bueno, São Paulo — SP, dá-se um enorme valor ao processo (aspecto formal), quase tanto quanto à relevância que se vislumbra ao próprio mérito da lide (aspecto material), seja ela uma demanda em vista de *controle difuso*, seja ela objeto de *controle concentrado/objetivo*.

TAVARES (2001: 372) põe termo à meditação acerca do art. 7º, *caput* e parágrafo único explanando que

> "Estabelece a Lei que, após o decurso do prazo para informações, deverá o relator do processo lançar o respectivo relatório, com cópia para todos os Ministros, solicitando data para o julgamento da ação (art. 7º, *caput*).
>
> Há de se recordar que o prazo para as informações é de dez dias (art. 6º, *caput*). Contudo, poderá ocorrer a hipótese de solicitação adicional de informação, ou de perícia, ou de declarações, ou de sustentação oral, ou ainda de juntada de memoriais. Nesses casos, o prazo próprio das informações avança para além dos dez dias iniciais.
>
> É preciso observar, porém, que o art. 7º padece de certa imprecisão. Recordando o trâmite já analisado acima, após as informações, adicionais, perícias, oitivas, declarações, sustentações e memoriais, absorvidos dentro da fase das informações, segue-se, a abertura de vista para o Advogado-Geral da União, quando for o caso, e, necessariamente, para o Procurador-Geral da República. Dessa forma, após a prestação das informações, não se seguirá, de imediato, o lançamento do relatório e a marcação da data para julgamento. Está encravada entre essas providências de ultimação do processo e aquelas informações a oitiva do *defensor legis* e do *custos legis*.
>
> A prática, referida também no dispositivo, de distribuir cópia para todos os Ministros já existia, ancorada no art. 172 do Regimento Interno do Supremo Tribunal Federal.
>
> Para *Gandra Martins*, contudo, esse expediente representa uma 'enorme burocracia'. *Data venia, trata-se de medida salutar para a boa apreciação e julgamento posterior das ações de competência do Supremo Tribunal Federal* (grifos)."
>
> É o relatório.

6.8. Análise do art. 8º da Lei n. 9.882/99

> "**Art. 8º** A decisão sobre a argüição de descumprimento de preceito fundamental somente será tomada se presentes na sessão pelo menos 2/3 (dois terços) dos Ministros.
>
> **§ 1º** (Vetado).
>
> **§ 2º** (Vetado)."

O art. 101 da Constituição Federal do Brasil de 1988 (CF/88) prescreve que o “Supremo Tribunal Federal (STF) compõe-se de *onze Ministros*, escolhidos dentre cidadãos com mais de trinta e cinco anos e menos de sessenta e cinco anos de idade, de notável saber jurídico e reputação ilibada”.

A partir do momento em que a Lei n. 9.882/99, em seu art. 8º, *caput*, prescreve que, para que haja uma decisão sobre a argüição de descumprimento de preceito fundamental, devem estar presentes na sessão 2/3 (dois terços) dos Ministros, automaticamente deve-se ter por base o número 11 (onze), pelos motivos já mencionados no parágrafo anterior. Logo, não obstante a comum e peculiar dificuldade que os advogados têm com relação às ciências exatas e aos números (dificuldade esta já mencionada pelo Prof. Walter Claudius Rothenburg), afere-se que o número mínimo de Ministros presentes para que seja instalada a sessão de julgamento é igual a 8 (oito).

Vale ressaltar que esta é a parcela mínima de Membros da Suprema Corte necessária *para que se proceda o julgamento e não o número de votos exigidos* neste ou naquele sentido (procedência ou improcedência da ação/argüição).

Tem-se, portanto, uma diferença marcante quanto ao quórum mínimo para a instalação da sessão e o quórum mínimo necessário para a votação/decisão. Sendo assim, conforme estabelece o art. 8º da LA, a decisão sobre a argüição de descumprimento de preceito fundamental somente será tomada se *presentes na sessão* pelo menos 2/3 (dois terços) do Ministros, ou seja, devem comparecer para o julgamento no mínimo *8 (oito) Ministros*. Quanto à quantidade de votos para que seja prolatada a decisão, a Lei não estabelece quórum qualificado para esta votação. No entanto, tem-se a convicção de que, toda vez que estiver em cena a necessidade de uma declaração de inconstitucionalidade (ou de descumprimento) de algum ato do Poder Público que tenha descumprido preceito fundamental, é obrigatória a chamada “maioria absoluta”, nos termos do art. 97 da CF/88, *verbis*, “Somente pelo voto da maioria absoluta de seus membros, ou dos membros do respectivo órgão especial poderão os tribunais declarar a inconstitucionalidade de lei ou ato normativo do Poder Público”. “Subsidiariamente” (*sic!*) aplica-se, por conseguinte, este dispositivo constitucional ao caso retratado.

Sobre o assunto em pauta, *Celso Bastos* [*In* TAVARES, ROTHENBURG (organiz.): 2001, 82] traz à colação a afirmação de que

> “O art. 8º estabelece a regra de que ‘a decisão sobre a argüição de descumprimento de preceito fundamental somente será tomada se presentes na sessão pelo menos dois terços dos Minis-

tros'. *Em tal circunstância, a decisão final, de procedência ou improcedência, será tomada com exigência de manifestação em determinado sentido de seis Ministros* (grifos).

Vale consignar que foram vetados os parágrafos do art. 8º, que exigiam para a decisão de procedência ou improcedência a manifestação de pelo menos dois terços dos Ministros. Essa exigência, constante do parágrafo primeiro, colocava a decisão em argüição com quórum superior ao da ação direta de inconstitucionalidade, restringindo indevidamente a capacidade decisória do Supremo Tribunal Federal."

Restou constatado, portanto, que o quórum mínimo para a abertura e prosseguimento da sessão de julgamento deve ser de 8 (oito) Ministros (art. 8º da LA), ao passo que, para que seja proferida uma decisão nesta ou naquela direção, prevalece a norma contida no art. 97 de CF/88.

Não olvidando a questão dos vetos, é de bom alvitre — mesmo porque encontrou-se claramente explicado pelo autor — tecer alguns comentários sobre os vetos expedidos pelo Poder Executivo aos 2 (dois) parágrafos do art. 8º, da Lei n. 9.882/99, os quais tratavam do quórum para considerar-se procedente ou não a ação, vale dizer, para o julgamento propriamente dito. Segundo BERNARDES (2002: 34), a Mensagem 1.807, de 3 de dezembro de 1999, expôs os motivos que fundamentaram os vetos ao § 1º, do art. 8º, da LA: "Considerar-se-á procedente ou improcedente a argüição se num ou noutro sentido se tiverem manifestado pelo menos dois terços dos Ministros"; e ao § 2º, do art. 8º, da LA: "Se não for alcançada a maioria necessária ao julgamento da argüição, estando ausentes Ministros em número que possa influir no julgamento, este será suspenso a fim de aguardar-se sessão plenária na qual se atinja o *quorum* mínimo de votos".

Nos fundamentos do veto pôde-se entender, como motivo para tanto, que o dispositivo vetado "exigiria" (se não fosse vetado e/ou houvesse a chamada "derrubada do veto" pelo Legislativo), para o exame da ADPF, quórum superior inclusive àquele necessário para a análise do mérito da ação direta de inconstitucionalidade, algo que consistiria, indubitavelmente, numa restrição relativamente desproporcional e desconexa ao sistema de controle da constitucionalidade brasileiro, além de retardar ainda mais a já morosa Justiça pátria. Mantido tais parágrafos, ficar-se-ia diante de um exagero de imposições, algo que não se coaduna com o referido sistema de controle.

Havendo norma expressa na Carta Magna, como é o caso do art. 97, já transcrito no bojo destas assertivas, realmente seria incongruente impor-se um modelo diferente, mais oneroso e mais dificultoso para que se obtivesse um pronunciamento efetivo do STF sobre o mérito da argüição de preceito fundamental. Compreende-se que, exigir-se 2/3 (dois terços) neste ou naquele sentido, de acordo com o que era prescrito pelo agora vetado § 1º, do art. 8º, da LA, constituiria uma possível forma de estar o legislativo impedindo — no mínimo atrapalhando — a livre apreciação e manifestação do Poder Jurisdicional. De modo que, não por outra razão, a própria Lei Suprema determinou regra definitiva e irrevogável a esse respeito, não podendo ser modificada — por motivos mais do que conhecidos e ligados à supremacia e à hermenêutica legal-constitucional-jurisdicional — não somente por esta Lei Ordinária em comento, mas por qualquer outra que se encontre nesta posição e neste patamar legislativo. Raciocínio pelo qual obtempera-se, sem ressalvas, por plausíveis e por demais consentâneos tanto o veto, quanto à própria juridicidade desta vedação.

"**Art. 9º** *(Vetado).*"

Prejudicado.

6.9. Análise do art. 10 e §§ 1º ao 3º da Lei n. 9.882/99

"**Art. 10.** Julgada a ação, far-se-á comunicação às autoridades ou órgãos responsáveis pela prática dos atos questionados, fixando-se as condições e o modo de interpretação e aplicação do preceito fundamental.

§ 1º O presidente do Tribunal determinará o imediato cumprimento da decisão, lavrando-se o acórdão posteriormente.

§ 2º Dentro do prazo de 10 (dez) dias contados a partir do trânsito em julgado da decisão, sua parte dispositiva será publicada em seção especial do Diário da Justiça e do Diário Oficial da União.

§ 3º A decisão terá eficácia contra todos e efeito vinculante relativamente aos demais órgãos do Poder Público."

O *caput* do art. 10, da Lei n. 9.882/99 prescreve que após o julgamento da ação de argüição de descumprimento de preceito fundamental (ADPF), as autoridades ou órgãos responsáveis pela prática dos atos questionados serão comunicados, com a fixação das condições e o modo de interpretação e aplicação do preceito fundamental.

No que concerne ao referido artigo da Lei n. 9.882/99, *Gilmar Mendes* [*In* TAVARES, ROTHENBURG (organiz.): 2001, 149] — recentemente elevado de Advogado-Geral da União a Ministro da Corte Constitucional Brasileira (refere-se a maio/junho de 2002), após a devida indicação (e posterior nomeação) pelo Presidente Fernando Henrique Cardoso e após a respectiva sabatina com a conseqüente aprovação pela maioria absoluta dos membros do Senado Federal, nos termos dos arts. 84, Inciso XIV c.c. 101, *caput* e parágrafo único, todos do Estatuto Supremo — assevera que

"O art. 10 da Lei n. 9.882/99, ao estatuir que o Supremo fixará as condições e o modo de *interpretação e aplicação* (grifos) do preceito fundamental vulnerado, abre uma nova perspectiva, não por criar uma nova via processual, mas justamente por fornecer suporte técnico-legal em subsídio ao desenvolvimento de técnicas que permitam superar o estado de inconstitucionalidade decorrente da omissão."

Segundo GUIMARÃES (1998: 80), *aplicação* significa "utilização, incidência e, ainda, é o ato de autoridade judiciária ou administrativa aplicando solução jurídica a caso ou ato previsto em lei". No mesmo sentido, DE PLÁCIDO E SILVA (2002: 70) leciona que "aplicação é derivado do latim *applicatio* (ação de apegar uma coisa a outra); juridicamente, tem a acepção propriamente de *acomodação* e de *execução*". Logo, ao final do processo de julgamento da ADPF, o STF estabelecerá as condições e o modo de *acomodação* e de *execução* do preceito fundamental, isto é, a maneira pela qual far-se-á a *aplicação* deste.

No entanto, como pode perceber-se da leitura do dispositivo emoldurado, a *aplicação* é um momento "posterior" à própria *interpretação* que o próprio STF fará no trâmite da ADPF.

Não obstante os §§ 1º e 2º, à primeira vista, darem muito mais importância à *aplicação* do preceito fundamental — tanto que o § 1º determina o imediato cumprimento da *decisão*, "para somente depois lavrar-se o acórdão" e o § 2º manda que tão-somente a sua parte *dispositiva* (parte *decisória* e que está diretamente relacionada com a *aplicação* até aqui apregoada) seja publicada em seção especial do *Diário da Justiça* e do *Diário Oficial da União* — do que à *interpretação*, é certo que para que tal aplicação ocorra fidedignamente é necessária justamente uma interpretação adequada, coerente e conexa com os fins do objeto pleiteado no mérito da Argüição em face do ordenamento jurídico brasileiro.

Interpretação, de acordo com BRUNO NETO (1999: 228) "é a maneira pela qual o intérprete ou o aplicador da lei, extrai da lei ou da norma jurídica, tudo o que dela se contém e visa aperfeiçoar o Direito. É o enquadramento de um caso concreto em uma norma jurídica adequada". Obviamente que esta definição é um simples ponto de referência, visto que é inolvidável a complexidade que envolve a interpretação de "um caso concreto mesmo em sede de controle de constitucionalidade": é uma observação um tanto quanto paradoxal, mas reflete sobremaneira o pensamento sobre o assunto.

A importância da interpretação constitucional é tanta que HÄBERLE (2002: 11) elenca uma série de tarefas às quais deve-se sempre declinar uma estrita observância, principalmente por parte dos operadores do Direito ligados ao Supremo Tribunal Federal. Dentre as tarefas logo atrás aludidas, o referido autor menciona "a justiça, a eqüidade, o equilíbrio de interesses, os resultados satisfatórios, a razoabilidade, a praticabilidade, a justiça material, a segurança jurídica, a previsibilidade, a transparência, a capacidade de consenso, a clareza metodológica, a abertura, a formação de unidade, a 'harmonização', a força normativa da Constituição, a correção funcional, a proteção efetiva da liberdade, a igualdade social e a ordem pública voltada para o bem comum".

MORAES (2000: 43) explica o tema em destaque demonstrando que há dois tipos de interpretação, quais sejam, a "Interpretação conforme a Constituição" e a "Declaração de inconstitucionalidade parcial sem redução de texto".

Sobre o primeiro tipo, o autor explana que

"A supremacia das normas constitucionais no ordenamento jurídico e a presunção de constitucionalidade das leis e atos normativos editados pelo poder público competente exigem que, na função hermenêutica de interpretação do ordenamento jurídico, seja sempre concedida preferência ao sentido da norma que seja adequado à Constituição Federal. Assim sendo, no caso de normas com várias significações possíveis, deverá ser encontrada a significação que apresente *conformidade com as normas constitucionais*, evitando sua declaração de inconstitucionalidade e conseqüente retirada do ordenamento jurídico.

Extremamente importante ressaltar que a *interpretação conforme a constituição* somente será possível quando a norma apresentar vários significados, uns compatíveis com as normas constitucionais e outros não, ou, no dizer de *Canotilho*, 'a interpretação conforme a constituição só é legítima quando existe um *espaço de decisão* (= espaço de interpretação) aberto a várias propostas interpretativas, umas em conformidade com a constituição e que devem ser preferidas, e outras em desconformidade com ela.

(...)

Vislumbram-se, portanto, três hipóteses:

• *interpretação conforme com redução do texto*: essa primeira hipótese ocorrerá quando for possível, em virtude da redação do texto impugnado, declarar a inconstitucionalidade de determinada expressão, possibilitando, a partir dessa exclusão de texto, uma interpretação compatível com a Constituição Federal;

• *interpretação conforme sem redução do texto, conferindo à norma impugnada uma determinada interpretação que lhe preserve a constitucionalidade*; ...

• *interpretação conforme sem redução do texto, excluindo da norma impugnada uma interpretação que lhe acarretaria a inconstitucionalidade.*"

Com relação a segunda modalidade o doutrinador (2000: 45) explica, na seqüência, que

"A declaração de inconstitucionalidade parcial sem redução de texto pode ser utilizada como um mecanismo para atingir-se uma interpretação conforme a Constituição e, dessa forma, preservar-se a constitucionalidade da lei ou do ato normativo, excluindo-se algumas de suas interpretações possíveis.

Apesar da doutrina apontar as diferenças entre a interpretação conforme à Constituição — *que consiste em técnica intepretativa* — e a declaração de inconstitucionalidade parcial sem redução de texto — *que configura técnica de decisão judicial* — entendemos que ambas as hipóteses se completam, de forma que diversas vezes para se atingir uma interpretação conforme a Constituição, o intérprete deverá declarar a inconstitucionalidade de algumas interpretações possíveis do texto legal, sem contudo alterá-lo gramaticalmente."

Sem embargo do que expôs o autor logo atrás, TAVARES (2001: 379) ratifica — e acrescenta — o suscitado quando escreve a respeito das

"*Técnicas de decisão admissíveis*

Tem o Supremo Tribunal Federal adotado certas técnicas de decisão, arroladas, doravante, também na legislação específica. Assim é que a Lei n. 9.868/99 indica a *interpretação conforme a constituição e a declaração parcial de inconstitucionalidade sem redução de texto* (parágrafo único do art. 28) (grifos). O tema já vinha sendo desenvolvido e consagrado pela jurisprudência dominante do STF e, neste sentido, vale igualmente para as decisões em sede de argüição de preceito, sobretudo no que tange à impugnação de ato estatal de cunho normativo.

Assim, *essas modalidades de técnicas de decisão* que têm sido adotadas pelo STF nos processos de controle abstrato das normas *nem sempre poderão ser aplicadas no caso da argüição, pelo simples motivo de que, nessa seara, nem sempre se estará a defrontar-se com um texto normativo, perante o qual caiba, v.g., a interpretação conforme a Constituição*. Por vezes, estar-se-á diante de atos administrativos, concretos, mas de grande relevância social, e que só se resolvem pelo reconhecimento ou não do descumprimento, sem possibilidade de fixar-lhes termos (interpretativos) para que passem a ser constitucionais ou termos (temporais) a partir dos quais passem a ser inconstitucionais."

E complementa o tema, o mesmo autor (2001: 379) e na mesma toada, mostrando que

> "Por outro lado, tem-se que a técnica do 'apelo ao legislador', outra técnica conhecida da doutrina, certamente proliferará no caso de descumprimento de preceito fundamental por omissão, tal como tem ocorrido com a ação direta de inconstitucionalidade por omissão.
>
> O mesmo pode ser dito quanto à declaração de inconstitucionalidade sem a pronúncia de nulidade, já que os atos estatais de cunho material (executivo) quando inconstitucionais (descumpridores dos preceitos fundamentais no caso da argüição) terão essa situação reconhecida expressamente, mas nem sempre será possível declarar-lhes a nulidade, justamente por sua natureza não normativa. *A nulidade, que é a tentativa de tornar inexistente o ato praticado, não se aplica às situações irretratáveis. Basta pensar em eventual execução de detentos promovida pelos agentes do Estado. É atividade descumpridora do mais fundamental dos preceitos constitucionais (a vida), sendo necessária a declaração do STF neste sentido. Mas certamente essa decisão não estará acompanhada da pronúncia de nulidade* (grifos). O regime da nulidade é impossível de aplicar-se."

O § 3º, do art. 10, da Lei n. 9.882/99 assinala que *a decisão de mérito* proferida na ação de descumprimento de preceito fundamental *terá eficácia contra todos e efeito vinculante relativamente aos demais órgãos do Poder Público*. Cumpre-se, pois, a tarefa de justificar, de elucidar e de dar uma interpretação plausível sobre o que dispõe o § 3º, do art. 10, da LA em destaque, não obstante a clareza da redação. Este é, diga-se com relevo, um dos dispositivos normativos da Lei n. 9.882/99 com mais veemência atacados pelo Conselho Federal da Ordem dos Advogados do Brasil — CFOAB — na já referida ADIn 2.231-8/00.

A decisão do STF no julgamento de mérito de uma ADPF terá eficácia contra todos — *erga omnes* —, efeitos retroativos — *ex tunc* — e vinculantes no que refere-se aos demais órgãos do Poder Público, cabendo, inclusive, *reclamação* para garantia destes efeitos, como dispõe o art. 13 (*vide* a análise deste art. 13, logo a seguir, nesta obra) do Diploma Legal em estudo.

Em face do efeito vinculante, tem-se que, uma vez julgada a ação, as autoridades ou os órgãos responsáveis pela prática do ato questionado serão comunicados sobre as condições e o modo obrigatórios de interpretação e aplicação do preceito fundamental, conforme demostrado quando falou-se sobre o *caput* e sobre os §§ 1º e 2º, do art. 10, da LA.

Alexandre de Moraes [*In* TAVARES, ROTHENBURG (organiz.): 2001, 33] leciona que

> "Em relação ao *legislador* (legislativo), os efeitos vinculantes atuam a fim de impedir que editem novas normas com idêntico conteúdo ao daquela anteriormente declarada inconstitucional, por desrespeitar um preceito fundamental; ou ainda, normas que convalidem os efeitos da norma declarada inconstitucional por desrespeito ao preceito fundamental ou anulem os efeitos da decisão do Supremo Tribunal Federal.
>
> Em relação a *todos os juízos e tribunais* (judiciário) restará afastado o controle difuso de constitucionalidade, uma vez que estarão vinculados não só à decisão do Supremo Tribunal Federal, mas também à interpretação constitucional que lhe foi dada à norma, nas hipóteses de interpretação conforme a Constituição e declaração parcial de nulidade sem redução de texto.
>
> Finalmente, as *autoridades administrativas* (executivo) não poderão aplicar a norma declarada incompatível com o preceito fundamental previsto na Constituição Federal, ou no caso de improcedência da ação, deixar de respeitar as normas declaradas constitucionais e compatíveis com os preceitos fundamentais e deverão pautar suas condutas pela interpretação dada pelo Supremo Tribunal Federal (grifos)."

No entanto, a questão está longe de ter um entendimento pacífico e a compreensão sobre a constitucionalidade ou não do dispositivo que versa sobre o chamado efeito vinculante é, notoriamente, divergente e controversa na doutrina. Defendendo a *constitucionalidade* desta norma, *Celso Bastos* [*In* TAVARES, ROTHENBURG (organiz.): 2001, 83] atesta que

> "Ademais, consoante o art. 10, 'a decisão terá eficácia contra todos e efeito vinculante relativamente aos demais órgãos do poder Público' (§ 3º).
>
> O efeito vinculante, como se sabe, vem contemplado constitucionalmente para os casos de decisão decorrente do julgamento da ação declaratória de constitucionalidade e, por força da Lei, pretende-se sua aplicação para a hipótese da argüição.
>
> Neste passo, *temos que é possível à lei estabelecer o efeito vinculante às decisões proferidas em sede de argüição de descumprimento de preceito fundamental*, senão pela semelhança (con-

trole concentrado) com a ação declaratória de constitucionalidade, pela circunstância de que à lei é dado disciplinar a força das decisões judiciais, especialmente aquela decorrente da argüição, já que nesta hipótese a lei remete diretamente a vontade da lei (grifos).

Estendendo o efeito vinculante à argüição, não se pode sustentar que a lei tenha incidido em inconstitucionalidade. Tanto o efeito vinculante não repugna ao espírito da Constituição que nela mesmo está contemplado para o caso da ação declaratória de constitucionalidade. Fosse contrário à Constituição esse tipo de efeito, e certamente não se teria sua existência em nenhuma modalidade de ação."

Em "oposição à posição" (*sic!*) adotada pelo doutrinador logo atrás citado, *Elival da Silva Ramos* [*In* TAVARES, ROTHENBURG (organiz.): 2001, 119] pondera que

"Em relação à eficácia *erga omnes*, nada há que se objetar, porquanto obedece à lógica dos instrumentos processuais destinados à tutela de interesses coletivos, difusos ou de larga significação social, como, no caso do contencioso subjetivo, sucede com as ações diretas declaratórias de inconstitucionalidade ou de constitucionalidade de leis e atos normativos. '...'.

Já no que tange ao *efeito vinculante*, cabem alguns sérios reparos. Em primeiro lugar é preciso aclarar o que se deve entender por 'efeito vinculante'. Não comungamos do ponto de vista daqueles que pretendem, com o simples uso da expressão, a extensão dos efeitos da coisa julgada à motivação do decisório. O que nos parece é que, com a atribuição de efeito vinculante a determinada decisão judicial, cria-se uma obrigação funcional para os demais magistrados ou funcionários e autoridades do Poder Executivo de acatar o decidido, tomando as providências adequadas para que, no âmbito de suas atribuições, seja implementado o efeito contra todos, inerente à coisa julgada material em sede de ações coletivas.

Trata-se, à evidência, de uma constrição no que concerne ao desempenho funcional de órgãos e agentes do Poder Judiciário e Executivo, configuradora de exceção ao regime comum decorrente da independência e harmonia dos Poderes (grifos). Com efeito, os Juízes e Tribunais, no exercício da jurisdição, não estão, em princípio, vinculados senão aos atos emanados do Legislador, tanto quanto os agentes e órgãos do Poder Executivo, ressalvados, quanto a esses últimos, os atos administrativos normativos emanados do Chefe do Poder Executivo e fundados no Poder hierárquico. *Para que de determinada decisão judicial, ainda que proveniente do STF, decorra a vinculação funcional de respeito ao ali decidido, há que se socorrer de disposição constitucional expressa, que, na hipótese vertente, inexiste* (grifos).

[...]

Pelo exposto, não havendo o constituinte, ao teor do disposto no atual § 1º, do art. 102 da Carta Magna, explicitamente dotado as decisões prolatadas quando do julgamento de argüições de descumprimento de preceito fundamental de efeito vinculante, não pode o Legislador Ordinário, a pretexto de interpretação autêntica, pretender extrair do abúlico (que não tem vontade) comando constitucional tal consectário, alargando o espectro das exceções ao princípio da separação dos Poderes e à independência que dele deriva para o desempenho funcional dos demais agentes e órgãos do Poder Judiciário e do Poder Executivo.

Mais não se precisa dizer para se chegar à conclusão de que a expressão e efeito vinculante, inserida no § 3º, do art. 10, da Lei Federal n. 9.882/99 está contaminada por vício de inconstitucionalidade material (grifos)."

Sérgio Resende de Barros (*In Revista de Direito Mackenzie*: 2001, 198) é um dos mais ferrenhos opositores não só do efeito vinculante, mas de toda a LA. Para o Doutor em Direito pela Universidade de São Paulo

"...a Lei n. 9.882/99 parece-me *no todo inconstitucional*, por transformar uma simples argüição de descumprimento de preceito fundamental em verdadeira ação de inconstitucionalidade, dando-lhe *substância e forma, eficácia e efeitos* (grifos originais) não previstos, nem sequer desejados pela Constituição para a ADIN, como é caso do controle de leis municipais frente à Constituição Federal *e da eficácia contra todos e efeito vinculante relativamente aos demais órgãos do Poder Público* (grifos).

[...]

Efeito vinculante não é solução: é paliativo. Fecha o pronto socorro da cidadania. Os juízes de primeiro grau têm sido o único socorro de que se podem valer os cidadãos, quando surpreendidos — e o são quase todas as manhãs — por emendas constitucionais, leis complementares, leis ordinárias e, acima de tudo, medidas provisórias eivadas de inconstitucionalidade, massacrando direitos humanos fundamentais. É preciso corrigir a causa: fechar as torneiras da legislação fácil, açodada, apressada e, por isso mesmo, freqüentemente inconstitucional, como é o caso das duas leis supracomentadas (o professor refere-se às Leis ns. 9.868/99 e 9.882/99)."

A introdução do *efeito vinculante* (principalmente) e da eficácia contra todos no Diploma infraconstitucional em comento é o assunto em discussão. Verificou-se, até então, que há duas perspectivas totalmente antagônicas, quais sejam, a corrente que entende que o § 3º, do art. 10, da LA é constitucional (representada pelo Prof. Celso Bastos); e a que compreende que é inconstitucional (representada pelo Prof. Elival da Silva Ramos). Num posicionamento intermediário — semelhante ao do pesquisador — e suscitando mais pontos de interrogação acerca da constitucionalidade ou da inconstitucionalidade do *efeito vinculante* do que propriamente dando respostas, *Ingo Wolfgang Sarlet* [*In* TAVARES, ROTHENBURG (organiz.): 2001, 153 e ss.] explana que

> "Assim, delimitando o objeto do presente estudo, optamos por priorizar algumas questões vinculadas ao problema dos efeitos das decisões proferidas em sede de ADPF, cientes de que — *até mesmo em face da ainda relativamente escassa produção doutrinária e virtualmente inexistente jurisprudência — pouco mais faremos do que arriscar algumas indagações e questionamentos* (grifos).
>
> (...)
>
> Desde logo, parece-nos que existem pelo menos alguns elementos que permitem controverter a respeito da circunstância de ter sido o efeito vinculante, assim como a manipulação da extensão dos efeitos da declaração de inconstitucionalidade e constitucionalidade pelo STF, introduzido por lei ordinária e não por emenda constitucional... . *Assim, sem que aqui se pretenda enunciar uma posição fechada e nem mesmo explorar todas as possíveis facetas e argumentos a respeito desse ponto, vale registrar alguns aspectos a serem considerados neste contexto* (grifos) (e que devem ser analisados atentamente)."

E prossegue, o magistrado gaúcho [*In* TAVARES, ROTHENBURG (organiz.): 2001, 157], expondo suas dúvidas (e, por conseguinte, alguns pontos de vista) de modo que

> "*Em primeiro lugar* (...), verifica-se que o efeito vinculante em sede de controle abstrato, apesar de sustentado por importante segmentos da doutrina pátria e alguns dos próprios integrantes do STF, acabou por ser introduzida apenas em 1993, com a criação — por emenda constitucional — da ação declaratória de constitucionalidade, quando — se efetivamente pudesse ter sido previsto em lei — tal já poderia ter ocorrido muito antes. Além disso, mesmo que tal tivesse sugerido, não chegou o STF a entender possível a extensão do efeito vinculante às decisões proferidas

em sede de ADIn, mesmo que de há muito (já sob a égide da Constituição de 1967/69) tenha prevalecido o entendimento de que a ADIn constitui demanda dúplice, de tal sorte que, em caso de improcedência, resulta uma declaração de constitucionalidade do ato originalmente impugnado.

Para além disso, não se pode desconsiderar por completo o fato de que esteja tramitando no Congresso, no âmbito da Reforma do Judiciário, proposta de emenda constitucional que, entre outros aspectos, dispõe sobre a criação do efeito vinculante para as decisões definitivas proferidas pelo STF. Tal circunstância sugere certa insegurança no que diz com a legitimidade da introdução, via lei ordinária, do efeito vinculante. Afinal de contas, por que utilizar o procedimento agravado da reforma constitucional para obter algo que a maioria simples, mediante processo legislativo substancialmente mais facilitado, já decidiu?"

O doutrinador [*In* TAVARES, ROTHENBURG (organiz.): 2001, 158] complementa, aludindo que

"*De outra parte*, constata-se, com base em experiências oriundas do Direito Comparado, que o efeito vinculante e a flexibilização dos efeitos da declaração proferida pela Corte Constitucional ou encontra-se expressamente prevista na Constituição, ou foi regulamentada em Lei, neste caso, todavia, por expressa delegação da Constituição, i. é., autorizada direta e inequivocamente pelo Poder Constituinte Originário, não sendo o caso de se desprezar a tese que se cuida de questões materialmente constitucional. Não se poderá olvidar, por sua estreita relação com o tema, que o dogma da nulidade do ato inconstitucional (e, portanto, o efeito da declaração de inconstitucionalidade) de há muito adquiriu, também entre nós, hierarquia constitucional, posição esta consagrada pelo STF, o que apenas reforça o espectro de argumentos em favor de uma ilegitimidade constitucional de ambos os diplomas (refere-se às Leis ns. 9.868/99 e 9.882/99), especialmente naquilo que estão a alterar — direta e substancialmente — este verdadeiro postulado do nosso direito constitucional.

Com as presentes ponderações não se está, todavia, a rechaçar necessárias relativizações no âmbito dos efeitos da declaração de inconstitucionalidade, mas apenas *controvertendo* a respeito do modo (embora também *discutindo* a amplitude) pelo qual modificações tão relevantes no sistema foram regulamentadas pelo direito positivo."

Walter Claudius Rothenburg [*In* TAVARES, ROTHENBURG (organiz.): 2001, 228] traz à colação outro aspecto interessante no que concerne ao § 3º, do art. 10, da Lei n. 9.882/99. Dentre outras pertinentes observações, o Procurador da República trata do chamado *efeito vinculante relacionado ao processo legislativo*, visto que o referido dispositivo prescreve que "a decisão terá eficácia contra todos e efeito vinculante relativamente aos demais órgãos do *Poder Público*", o que faz sugerir, sem embargo, que o "*Poder Legislativo neste Poder Público*" (*sic!*) está incluído.

Ora,

"Os termos peremptórios do § 3º do art. 10 da Lei n. 9.882 ('a decisão terá eficácia contra todos e efeito vinculante relativamente aos demais órgãos do Poder Público') acompanham o *caput* desse mesmo artigo, sobre a vinculação das demais autoridades em relação 'às condições e o modo de interpretação e aplicação do preceito fundamental' fixados pelo Supremo Tribunal Federal. *Onde a argüição mais avança é na possibilidade de se estabelecerem vínculos ao legislador: estabelecida a interpretação adequada do preceito constitucional fundamental, a atividade legislativa há de pautar-se por essa interpretação, autorizando, em caso contrário, inclusive a obstação liminar do próprio processo legislativo. Sabe-se o quanto a jurisprudência brasileira tem sido refratária à idéia de controle judicial* (sobretudo preventivo) *em relação ao processo legislativo* (grifos). Perceba-se que nem mesmo a ação declaratória de constitucionalidade chegou a esse ponto, à medida que previu efeito vinculante 'relativamente aos demais órgãos do Poder Judiciário e ao Poder Executivo' apenas."

A discussão em torno da problemática da eficácia *erga omnes* e, principalmente, do *efeito vinculante* parece longe de seu termo. Enquanto o STF não firmar uma jurisprudência pautada por decisões sucessivamente compatíveis, tais controvérsias perdurarão. Aliás, acredita-se que nem assim! É peculiar ao Direito que essas divergências permaneçam e/ou surjam neste ou naquele período, sobre este ou aquele assunto e sempre com diversos prismas de entendimento e de compreensão.

No entanto, mister é a limitação da digressão, sob pena de incorrer na substituição de uma monografia de conclusão de curso por uma tese em nível de mestrado, algo que, reconhece-se e tem-se a convicção, precisa-se de um tempo de estudo e de preparação maior e mais intenso.

Segue-se, pois, o desfecho da abordagem sobre o já citado § 3º, do art. 10, da LA. Para tanto, pauta-se em TAVARES (2001: 382), para quem

"A decisão proferida em sede de controle concentrado produz coisa julgada oponível *erga omnes*, ou seja, seus efeitos estendem-se para além das partes envolvidas no processo.

Trata-se de efeito implícito às decisões do STF quando proferidas no desempenho da função de Tribunal constitucional. Realmente, se se pronuncia a inconstitucionalidade em abstrato, *se se reconhece o descumprimento*, independentemente de uma situação concreta litigiosa, se o autor das ações de controle abstrato age em nome da sociedade e da ordem constitucional, e não em nome próprio na busca de interesse pessoal seu, *tem-se, naturalmente, de reconhecer que a decisão deve contar com força geral, no sentido de alcançar a todos.*

Mas a coisa julgada, por si só, não tem o condão de impedir que o Legislativo ou mesmo o Poder Público edite novo ato normativo (ou comportamento) anteriormente declarado (reconhecido) inconstitucional (*ou descumpridor da Constituição*) em controle concentrado de constitucionalidade.

Daí estabelecer a força vinculante, inclusive para a argüição, na qual está em jogo preceito constitucional fundamental. Nesse caso, *a adoção do referido efeito é medida que se impõe pela natureza das coisas* (grifos)."

Não se cogita, em hipótese alguma, em não transcrever o que, na mesma seqüência (2001: 383), o último autor citado diz acerca do *efeito vinculante.* Tal texto, recheado de trechos extraídos de obras de outro doutrinadores e de membros do próprio STF, dá uma amostra cabal da posição que entende-se ser a mais próxima do razoável, em termos de *efeito vinculante* em sede de controle concentrado de constitucionalidade — espécie "Argüição de Descumprimento de Preceito Fundamental", especificamente.

Logo,

"A Emenda Constitucional n. 3, de 1993, introduziu no Direito pátrio o denominado *efeito vinculante* nas ações declaratórias de constitucionalidade (§ 2º do art. 102).

O efeito vinculante não foi responsável por implantar nas decisões o vigor de lei. Até porque no Brasil, consoante o art. 468 do Código de Processo Civil (CPC), 'A sentença que julgar total ou parcialmente a lide, tem força de lei nos limites da lide e das questões decididas'."

Lembra *Gilmar Ferreira Mendes* que na Alemanha o efeito vinculante é "instituto mais amplo do que a coisa julgada (e do que a força de lei, por conseguinte) exatamente por tornar obrigatória não apenas a observância da parte dispositiva da decisão, mas também dos chamados *fundamentos determinantes* (*tragende Gründe*) (grifos originais). Para outros, o efeito vinculante possibilita também a propositura de reclamação e, ainda, a responsabilização do agente público que não lobriga a decisão vinculante existente.

No entendimento, de todo acertado, do Ministro *Sepúlveda Pertence*, "não é desarrazoado supor que se venha a concluir pela extensão da mesma força vinculante também ao julgamento definitivo da ação direta de inconstitucionalidade, o que prejudicaria a orientação que não admite, para resguardá-lo, o uso da reclamação.

Ives Gandra Martins assinala a esse respeito que sendo a ação direta de inconstitucionalidade e a ação declaratória de constitucionalidade facetas complementares do mesmo fenômeno de 'salvaguarda judicial da Lei Suprema', não se pode negar efeito vinculante também à ação direta de inconstitucionalidade.

Na realidade o que essas posições acima colacionadas acabam pretendendo demonstrar é que há um fundamento comum ao controle concentrado que induz a adoção e aplicação de regras uniformes, tanto quanto isto seja possível. Seria uma espécie de 'Código de processo constitucional objetivo', cuja regras invocar-se-iam sempre que se provocasse o controle concentrado. Delas faria parte, essencialmente, esta modalidade de '*vinculação*' (grifos).

No caso da argüição, a adoção do efeito vinculante deve dar-se pelos mesmos motivos, somando-se a circunstância de que a própria Lei explicita tal eficácia, determinando o § 3º do art. 10 que 'A decisão terá eficácia contra todos e efeito vinculante relativamente aos demais órgãos do Poder Público' (grifos).

É preciso admitir que, no Direito brasileiro, o efeito vinculante impôs-se como uma exigência do rumo que acabou tomando o sistema pátrio. Vale consignar que a viculatividade sobrepõe-se à própria eficácia das leis em geral, que é a de alcançar a todos indistintamente (a eficácia *erga omnes*). Neste sentido, poder-se-ia afirmar que as decisões do Supremo Tribunal Federal sobrepõem-se, em eficácia, às próprias decisões adotadas pelo Congresso Nacional e vertidas em formas de lei."

É o que se tem sobre o assunto ligado à eficácia contra todos (*erga omnes*) e ao efeito vinculante em sede de Argüição de Descumprimento de Preceito Fundamental, o que, diga-se de passagem e em face da parca doutrina existente a respeito do tema, já é uma quantidade (e uma qualidade) razoável e considerável de informações.

6.10. Análise do art. 11 da Lei n. 9.882/99

"**Art. 11.** Ao declarar a inconstitucionalidade de lei ou ato normativo, no processo de argüição de descumprimento de preceito fundamental, e tendo em vista razões de segurança jurídica ou de excepcional interesse social, poderá o Supremo Tribunal Federal, por maioria de 2/3 (dois terços) de seus membros, restringir os efeitos daquela declaração ou decidir que ela só tenha eficácia a partir de seu trânsito em julgado ou de outro momento que venha a ser fixado."

A análise do dispositivo agora em evidência também não afasta-se do "script" (*sic!*) ao qual estão cingidos e vinculados outros artigos já comentados no decorrer desta obra, especialmente, os artigos 1º, parágrafo único; o 4º e §§ 1º e 2º; o 5º e §§ 1º ao 3º; e o 10 e § 3º, todos, juntamente com o art. 11, emanados da Lei n. 9.882/99 e considerados como os objetivos específicos desta pesquisa.

Sendo assim, não foge-se do "script" suscitado e tenta-se expor algumas linhas do pensamento doutrinário sobre o que prescreve o art. 11 da LA, principalmente, as duas correntes divergentes existentes, da mesma forma como procedeu-se com relação aos dispositivos citados anteriormente (e também, em algumas vezes, sobre outros artigos) no desenvolvimento desta dissertação.

Trata, o artigo em tela, da questão da amplitude e dos efeitos temporais da decisão em sede de julgamento de "Argüição de Descumprimento de Preceito Fundamental" (ADPF), previsão esta que causou no meio doutrinário não somente a divergência logo atrás explicitada, com também, até mesmo um certo grau de *indignação*.

Paulo Brossard, ex-Ministro do Supremo Tribunal Federal (STF), no 11º Encontro de Direito Constitucional/2002, promovido pelo Instituto Pimenta Bueno nas dependências da Universidade de São Paulo (USP) — "Salão Nobre das Arcadas" — manifestou seu profundo *descontentamento* com este dispositivo, alegando que "apenas 8 (oito) Ministros poderiam, como guardiães de Constituição, promover uma afronta à própria Carta Magna por um lapso de tempo, numa posição inconcebivelmente paradoxal, em termos de Estado Democrático de Direito, visto que podem tornar um ato inconstitucional em constitucional por um determinado período, para só depois considerá-lo inconstitucional, retirando-o de 'cena' num dado momento *pró-futuro* ou *ex nunc*".

O próprio ex-Ministro já proferira voto neste sentido e não poderia, após a sua "aposentadoria compulsória" (art. 93, Inciso VI, c.c. art. 40, § 1º, Inciso II, ambos da CF/88), mudar radicalmente de opinião e, por conseguinte, "contradizer-se a si próprio" (*sic!*). "Note o que o notável Ministro" expôs em seu voto na

"AÇÃO DIRETA DE INCONSTITUCIONALIDADE N. 21/600

Origem: Distrito Federal — Relator: Min. Paulo Brossard — Requerente: Fed. Nac. dos Estabelecimentos de Ensino — Fenen — Requerido: Presidente da República.

EMENTA: CONSTITUIÇÃO. LEI ANTERIOR QUE A CONTRARIE. REVOGAÇÃO. INCONSTITUCIONALIDADE SUPERVENIENTE. IMPOSSIBILIDADE.

A lei ou é constitucional ou não é lei. Lei inconstitucional é uma contradição em si. A lei é constitucional quando fiel à Constituição (grifos); inconstitucional, na medida em que a desrespeita, dispondo sobre o que lhe era vedado. O vício da inconstitucionalidade é congênito à lei e há de ser apurado em face da Constituição vigente ao tempo de sua elaboração. Lei anterior não pode ser inconstitucional em relação à constituição superveniente; nem o legislador poderia infringir Constituição futura. A Constituição sobrevinda não torna inconstitucionais leis anteriores com ela conflitantes: revoga-as. Pelo fato de ser superior, a Constituição não deixa de produzir efeitos revogatórios. Seria ilógico que a Lei Fundamental, por ser suprema, não revogasse, ao ser promulgada, leis ordinárias. A lei maior valeria menos que a lei ordinária.

Reafirmação da antiga jurisprudência do STF, mais que cinqüentenária.

Ação direta que não se conhece por impossibilidade jurídica do pedido (Supremo Tribunal Federal, Tribunal Pleno, DJ 21.11.1997, ementário 1892-01)."

Pela exegese da decisão logo atrás transcrita, toda lei é constitucional ou não é, se não o for, sua existência no mundo jurídico fica definitivamente prejudicada desde seu surgimento.

À evidência, tem-se que o que o ex-Ministro "julgou" na ADIn 21/600 não tem mais nenhum valor (para a ADPF), mas, sim, passa a valer o que ele "apenas disse" no Congresso sobre o aludido art. 11 da LA: da própria leitura do disposto na norma é possível a interpretação dada pelo gaúcho, quando da sua fala.

Ora, o artigo prevê expressamente que ao declarar a inconstitucionalidade de lei ou ato normativo, no processo de argüição de descumprimento de preceito fundamental, e tendo em vista razões de segurança jurídica ou de excepcional interesse social, *poderá o STF, por maioria de 2/3 (dois terços) de seus membros, restringir os efeitos daquela declaração ou decidir que ela só tenha eficácia a partir de seu trânsito em julgado ou de outro momento que venha a ser fixado.*

Alexandre de Moraes [*In* TAVARES, ROTHENBURG (organiz.): 2001, 35] acentua que

"Dessa forma, com a edição da lei, permitiu-se ao Supremo Tribunal Federal a *manipulação dos efeitos* (grifos), seja em relação à sua amplitude, seja em relação aos seus efeitos temporais, desde que presentes os dois requisitos constitucionais: requisito formal e requisito material.

Pelo requisito formal, a lei exige que o Supremo Tribunal Federal tome sua decisão de alteração dos efeitos por maioria de dois terços dos membros do Tribunal; enquanto, pelo requisito material, exige-se a presença de razões de segurança jurídica ou de excepcional interesse social."

Elival da Silva Ramos [*In* TAVARES, ROTHENBURG (organiz.): 2001, 125], Mestre e Doutor em Direito do Estado pela Faculdade de Direito da Universidade de São Paulo, refere-se ao art. 11 da LA como algo "anormal, incomum, inabitual, extraordinário, etc.", senão perceba-se a partir do próprio subtítulo, ocasião em que alude a

"3. A INSÓLITA DISPOSIÇÃO DO ART. 11 DA LEI FEDERAL N. 9.882/99

Estabeleceu o art. 11 da Lei Federal n. 9.882/99:

(...)

É evidente a influência do disposto no art. 282, n. 4, da Constituição portuguesa, que permite ao Tribunal constitucional fixar os efeitos da inconstitucionalidade com alcance mais restritivo do que o usual (que remonta à entrada em vigor da norma, salvo na hipótese de inconstitucionalidade dita superveniente), quando, fundamentalmente, o recomendar 'a segurança jurídica, razões de eqüidade ou interesse público de excepcional relevo'.

A nosso ver, considerando-se que as características do sistema de controle de constitucionalidade luso 'apontam, em relação ao vício da inconstitucionalidade, para a aplicação de uma sanção de nulidade, de pleno direito', (o autor cita o doutrinador português, *Jorge Miranda*)

> 'o disposto no art. 282, n. 4, da Constituição há de ser interpretado no sentido de ter o Constituinte conferido ao Tribunal Constitucional o poder de convalidar parcialmente o ato legislativo sancionado com nulidade, de modo que permita a produção dos efeitos a que se predispunha, tomando-se como limite máximo dessa convalidação a data da publicação da decisão declaratória de sua inconstitucionalidade.'

De igual modo, as características de nosso sistema de controle extraídas das disposições pertinentes da Constituição de 1988, conduzem à conclusão, pode-se dizer pacífica, doutrinária e jurisprudencialmente, de que a lei inconstitucional, entre nós, é sancionada com nulidade.

Como se admitir, entretanto que disposição infraconstitucional confira ao STF um poder de saneamento parcial de invalidade legislativa, em face do descumprimento de preceito fundamental, invalidade, com suas características de nulidade de pleno direito, que brota do sistema de controle disciplinado em nível superior?

Em suma, olvidou-se o Legislador Ordinário que a matéria exigia disciplina em nível constitucional e, com isso, *acabou perpetrando rematada inconstitucionalidade, ao permitir algo que a Constituição não permite* (grifos)."

Entretanto, as considerações relativamente ásperas efetuadas pelo Procurador do Estado de São Paulo em relação ao dispositivo emoldurado perdem para a acidez com que — no mesmo "11º Encontro de Direito Constitucional/2002, promovido pelo Instituto Pimenta Bueno nas dependências da Universidade de São Paulo (USP)", no qual discursara o ex-Ministro *Paulo Brossard* — o Jurista *Ives Gandra Martins* critica tal prescrição legal. Aliás, não só expressou verbalmente no aludido Congresso, como "escreveu textual e literalmente". Relata, pois, *Ives Gandra Martins* [*In* TAVARES, ROTHENBURG (organiz.): 2001, 172], que

> "Tive a oportunidade de participar da Comissão de juristas que elaborou o projeto da Lei n. 9.882/99, que dispõe sobre a argüição de descumprimento de preceito fundamental, nos termos do art. 102, § 1º, da Constituição Federal.
>
> Embora as decisões tomadas pela comissão tenham sido quase sempre consensuais, em um ponto divergi de meus ilustres colegas *Arnaldo Wald, Celso Bastos, Oscar Corrêa* e *Gilmar Mendes* (conseqüentemente, até por uma questão de lógica, tais juristas citados por *Ives Gandra Martins* integram a corrente doutrinária que é favorável à aplicação do dispositivo em evidência), qual seja, na extensão dada ao art. 11, que reproduzo neste trabalho:
>
> Art. 11. (...)
>
> Não me parece possa ser o texto mencionado tido por constitucional, uma vez que adota o princípio do Direito Alemão de não possível hospedagem pelo Direito brasileiro.
>
> A norma admite que uma lei considerada inconstitucional pela argüição de descumprimento de preceito fundamental possa ter eficácia *ex nunc* ou mesmo dilatada por tempo posterior à declaração.
>
> O vício, portanto, da inconstitucionalidade não prevaleceria *ex tunc*, maculando a lei *ab initio*, visto que por decisão de 2/3 de

seus integrantes, o Supremo Tribunal Federal poderia 'constitucionalizar' e 'desconstitucionalizar' (perceba a semelhança desta assertiva com o que descreveu o ex-ministro *Paulo Brossard*) o mesmo texto legal, admitindo sua 'inconstitucionalidade com eficácia de constitucionalidade' até a decisão, para depois declarar uma 'inconstitucionalidade sem eficácia da constitucionalidade', com base no novo espaço temporal determinado pelo Pretório Excelso."

Após diversas e pertinentes considerações a respeito do tema, *Ives Gandra Martins* complementa, na mesma obra, logo a seguir, na p. 178, que

"O art. 11, portanto, nitidamente afronta a tradição do Direito brasileiro de que a norma ou é constitucional ou não o é.

Sendo dedicado a disciplinar a declaração final de inconstitucionalidade — pois se refere ao processo de argüição de preceito fundamental —, o dispositivo fere o Direito brasileiro e a própria orientação da Suprema Corte de que as normas são constitucionais e têm eficácia, ou são inconstitucionais e não têm eficácia.

Se uma norma tiver sido afastada do cenário jurídico nacional pelo vício maior da inconstitucionalidade, não há como considerar seus efeitos válidos, como se constitucional fosse no passado ou — o que é pior — mantê-los com validade por certo período de tempo, como ocorre no Direito germânico, de conformação diversa do Direito brasileiro.

Apesar de, nos casos de prestações de natureza alimentar tenha a Suprema Corte outorgado eficácia *ex nunc* a decisões definitivas, proferidas em ações diretas de inconstitucionalidade, o fato decorreu da teoria da impossibilidade material, isto é, da impossibilidade de devolução dos benefícios, por quem os recebeu.

Neste caso, prevalece não a eficácia da norma anterior, tida por inconstitucional, mas os efeitos irreversíveis que provocou, à luz da impossibilidade material de devolução do recebido.

Fora dessa hipótese de irreversibilidade de 'fato criado' não há como admitir, no Direito brasileiro, que norma inconstitucional tenha eficácia de norma constitucional, por determinação da Suprema Corte.

Parece-me, pois, inconstitucional o art. 11, que pretende, contra a jurisprudência da Suprema Corte e de toda a tradição do Direito brasileiro, dar eficácia de norma constitucional à lei declarada definitivamente inconstitucional, atribuindo efeito *ex nunc* à decisão que declara a inconstitucionalidade ou ainda postergando tal efeito para o futuro (grifos).

É matéria que merece reflexão."

Realmente, tal meditação é necessária. No "11º Encontro de Direito Constitucional/2002, promovido pelo Instituto Pimenta Bueno nas dependências da Universidade de São Paulo (USP)", o Prof. *Ives Gandra Martins* exemplificou uma situação pela qual o Legislador instituísse um tributo que o STF viesse a declará-lo inconstitucional com base no artigo em tela. No lapso de tempo em que a cobrança "fosse considerado constitucional", para somente depois ser considerada como "descumpridora da Constituição" haveria uma clara e nítida afronta ao princípio da razoabilidade (em sentido lato). Fica a pergunta: será que os Ministros compactuariam (e usariam o dispositivo do art. 11) com tal lei eivada de inconstitucionalidade e seriam sobremaneira insensatos? Haveria excepcional interesse social e/ou razões de segurança jurídica para que o STF, em sede de Argüição e em matéria tributária, somente decidisse que tal instituição de tributo somente seria inconstitucional *ex nunc* ou *pro futuro*? Há, indubitavelmente, que meditar-se sobre o assunto. Segue-se, portanto, a "dica" (*sic!*) do Professor e prossegue-se nas ponderações.

No mesmo "11º Encontro de Direito Constitucional/2002, promovido pelo Instituto Pimenta Bueno nas dependências da Universidade de São Paulo (USP)", Dircêo Torrecillas Ramos desenvolveu (permita-se a quebra do protocolo e, por conseguinte, a emissão de um juízo de valor) uma magnífica interpretação jurídico-doutrinária a respeito do art. 11, da Lei n. 9.882/99. O "Aperfeiçoamento do controle de constitucionalidade — Argüição de Descumprimento de Preceito Fundamental — art. 11 da Lei n. 9.882 de 3.12.1999" é o título do trabalho que foi exposto pelo Prof. Torrecillas Ramos no referido "Encontro". Numa espécie de "ginástica corporativa (e de perseverança, porque a disputa pelo texto original era ferrenha)", obteve-se a cópia de seu pronunciamento, sendo, portanto, a partir de então, apresentada (o) (*a* interpretação e/ou *o* pronunciamento, como desejar-se) parcialmente:

> "Muitas são as questões suscitadas pela exegese da lei que dispõe sobre o processo e julgamento da ADPF, nos termos do § 1º do art. 102 da CF/88: As relações entre o controle e a argüição incidental; as implicações com o controle difuso, concentrado e com o controle abstrato na ação direta; com a avocatória; o caráter supletivo; a subsidiariedade; o problema do controle da lei ou ato municipal; de leis ou atos anteriores à Constituição, etc. (note que todos estes aspectos suscitados pelo professor foram, de uma forma ou de outra, abordados no decorrer desta obra).
>
> Para delimitação do tema, *abordaremos as questões sobre a restrição aos efeitos da decisão; o problema na lei, na doutrina e na jurisprudência; as relações com a nulidade, com a anulabilidade;*

os efeitos 'ex-tunc' e suas exceções; a segurança jurídica e a justiça nas decisões (grifos).

Gilmar Mendes (atual Ministro do STF), ao comentar o art. 27 da Lei n. 9.868/99, cujo texto é semelhante, apresenta três hipóteses de decisões do STF. A primeira consiste em declarar a inconstitucionalidade com efeito *ex-nunc*. A lei é eliminada do ordenamento jurídico a partir do trânsito em julgado da decisão. A Segunda, declara a inconstitucionalidade, com suspensão de seus efeitos por tempo a ser fixado na sentença para o futuro. A lei é inconstitucional, mas por segurança jurídica ou interesse social, será aplicada por prazo a ser fixado pelo Tribunal. Este é que determinará o prazo, uma vez que o legislador não estabeleceu limites. A terceira hipótese é a declaração de inconstitucionalidade sem a pronúncia de nulidade. Por esta, ocorre a suspensão de aplicação da lei e dos processos em curso até que o legislador, dentro do prazo razoável, manifeste-se sobre a situação inconstitucional. Poderá ocorrer em casos de lesões ao princípio da isonomia, como, por exemplo, a exclusão de benefício incompatível com o princípio da igualdade."

Dá continuidade, o Livre-docente da USP, lecionando que

"Por outro lado temos as teorias da nulidade e da anulabilidade.

NULIDADE. Pela teoria da nulidade (é citado o ex-Procurador-Geral da República, *Themístocles Brandão Cavalcanti*) não há meio-termo. A Constituição ou é uma lei superior e predominante, lei imutável pela formas ordinárias, ou está no mesmo nível conjuntamente com as resoluções ordinárias da legislatura e, como as outras resoluções, é mutável quando a legislatura houver por bem modificá-la. Sendo a primeira hipótese verdadeira, não é lei a resolução legislativa incompatível com a Constituição. Prevalecendo a Segunda, as constituições escritas são absurdas tentativas da parte do povo para delimitar um poder por sua natureza ilimitável. As constituições são leis fundamentais, predominantes das nações. Com efeito, são nulas todas as resoluções legislativas incompatíveis com elas. A nulidade vincula os tribunais e obriga-os a dar-lhe efeitos.

Essa doutrina de Marshall, introduzida no Brasil por Rui Barbosa, ensina que o ato inconstitucional é nulo, írrito, desprovido de força vinculativa. Portanto, não obriga, não se aplica ou, se aplicando, nula é essa aplicação. *O efeito da declaração de nulidade retroage 'ex-tunc', não sendo válidos os atos praticados sob seu império* (grifos).

ANULABILIDADE. Com relação à anulabilidade, *Kelsen* afirma que não pode existir a nulidade, dentro da ordem jurídica. As normas jurídicas podem ser anuláveis e esta anulabilidade apresenta-se em vários graus, conforme demonstra na sua *Teoria Pura do Direito*, p. 374 e ss.:

(...)

Como depreende-se, aponta Kelsen, dois graus, um com efeito para o futuro e o outro com efeito retroativo. No primeiro caso, permanecem intocados os efeitos já produzidos e no segundo, os efeitos anteriores são destruídos. O ato inconstitucional é um ato anulável com efeitos retroativos *ex-tunc*. Verificamos que tanto a doutrina da nulidade quanto a doutrina da anulabilidade dão ao ato inconstitucional um efeito retroativo, *ex-tunc*. Os efeitos produzidos são destruídos.

Buzaid, ensinava em sua obra: *Da Ação Direta*, pp. 130-1 'e se a solução se baseia no princípio da supremacia da Constituição sobre a lei ordinária, atribuir a esta uma eficácia transitória, enquanto não fulminada pela sentença judicial, equivale a negar durante esse tempo a autoridade da Constituição'."

Está sendo apresentada, neste momento, a pronúncia do Professor Dircêo Torrecillas Ramos acerca do art. 11 da LA, a qual foi proferida no "11º Encontro de Direito Constitucional/2002, promovido pelo Instituto Pimenta Bueno nas dependências da Universidade de São Paulo (USP)". Vislumbra-se, como é perceptível na continuação da exposição, a possibilidade de que o dispositivo em tela seja relativamente mitigado, não obstante o posicionamento contrário, firme e convicto demonstrado por Paulo Brossard, por Ives Gandra Martins e por Elival da Silva Ramos, de acordo com o entendimento que pôde ser apreendido do que foi exposto logo atrás, quando da demonstração da corrente totalmente contrária à prescrição em estudo.

Não se olvida, pois, em considerar, consoante articula o Prof. *Dircêo Torrecillas Ramos*, que

"O Art. 11, da Lei n. 9.882, de 3 de dezembro de 1999 contraria o que aqui foi exposto, mas exige uma compreensão e adaptação da realidade.

1 — Uma lei declarada inconstitucional, portanto nula, poderá produzir efeitos.

2 — Algo que é nulo, írrito, sem valor, como se nunca houvera existido poderá produzir efeitos?

3 — Em determinado momento, prevaleceu a lei ordinária e não a Constituição, portanto aquela foi superior a esta. Poderá ocor-

rer esta hipótese? Temos Constituição? Existe hierarquia das normas? Qual o valor da Constituição? Há segurança jurídica quando não se sabe se prevalecerá a Constituição ou a lei ordinária? Quando e até quando?

4 — Prevalece com a mencionada lei, um ato do órgão de representação popular com poderes ordinários, em relação a um ato do órgão de representação popular com poderes extraordinários, ou seja, a Constituição.

5 — O poder constituinte em sua obra, a Constituição, apresenta-se mais fraco, inferior ao poder constituído por ele e autor da lei. Disse que a lei contraria a doutrina da nulidade e da anulabilidade, mas a regra não se transforma em exceção e o que deveria ser exceção é positivado desta maneira. *Isto quer dizer que a regra é a nulidade ou a anulabilidade do ato inconstitucional com efeitos* 'ex-tunc', *retroativos da decisão e, apenas excepcionalmente, produzem efeitos* 'ex-nunc' *ou a partir do momento a ser determinado, para uma adaptação à realidade, mitigar sua rigidez excessiva, evitar conseqüências demasiado gravosas*, conforme ensina o Professor *Jorge Miranda* (Doutrinador português, também presente no 'Encontro') (grifos)."

Adiante, no decorrer de seu discurso, o Professor Torrecillas Ramos exemplifica alguns casos concretos que permitem uma compreensão "não tão contundentemente inconstitucional a respeito do art. 11, da Lei n. 9.882/99" (*sic!*) como declararam os autores citados antes que este.

Sendo assim, é certo que

"A lei em exame é clara: 'por motivos de segurança jurídica ou excepcional interesse social'. *Em casos específicos para fazer-se justiça. Estas exceções já se apresentavam na jurisprudência* (grifos), são os casos referidos como funcionários de fato: como anular casamentos de muitos anos, com filhos, questões de herança porque nula foi a nomeação do juiz de paz, por inconstitucionalidade; os atos praticados por oficial de justiça na mesma situação; a exclusão de benefícios porque a lei fere o princípio da isonomia — neste caso ocorre a decisão de inconstitucionalidade sem a declaração de nulidade. De grande importância, nestas questões, o princípio da proporcionalidade, levando em considerações interesses afetados pela lei inconstitucional e os sacrifícios impostos pela declaração de inconstitucionalidade com os efeitos da nulidade. Quais seriam as conseqüências para as famílias, pais, filhos; para os que dependeram de atos praticados pelo oficial de justiça e que seriam nulos; para os titulares de benefícios?

As exceções, decorrentes dos problemas sociais que a regra ou as mudanças das relações fáticas, como foi o caso da pensão da mulher para o seu companheiro, poderiam provocar, embora contrariando as tese da nulidade e da anulabilidade, representam as vicissitudes do controle de constitucionalidade, numa adaptação à realidade, hodierna, oferecendo, muito mais do que a segurança jurídica, a própria justiça."

O Professor *Torrecillas Ramos* faz referência à ADIn 2.231-8/00, à qual já fora feita tal alusão em várias passagens deste livro. Coincidência ou não,

"O Ministro Néri da Silveira [substituído, recentemente (maio/junho 2002), em razão de aposentadoria, pelo ex-Advogado-Geral da União, Gilmar Mendes], na ADIn n. 2.231-8 Distrito Federal, demonstra em seu relatório que os efeitos da declaração de inconstitucionalidade são *ex-tunc*, que o STF tem admitido a exceção *ex-nunc*, mesmo antes da previsão legal, quando se depara com situações irreversíveis. São exemplos a pensão ou benefícios julgados após muito tempo com fundamento em lei inconstitucional. Como devolver em certos casos? Ou mesmo nos casos mencionados de funcionários de fato, como desfazer certos atos sem que ocorra uma situação desastrosa, com danos irreparáveis?

A Constituição austríaca, no art. 140, §§ 5º e 6º, apresenta solução e fixa um prazo de até um ano para entrar em vigor a anulação por inconstitucionalidade. A Constituição portuguesa no art. 282.4, apresenta o caráter excepcional da medida, que exige a fundamentação.

Como foi demonstrado, várias são as possibilidades: benefício concedido indevidamente; quanto ao benefício devido poderá ocorrer omissão do texto ou no texto, e, a exclusão expressa do benefício para determinadas classes, em dispositivo autônomo ou no mesmo em que é concedido para outras.

Poder-se-ia argumentar, no caso do benefício, que o não pagamento, devido à declaração de inconstitucionalidade fere o princípio da proporcionalidade do art. 19º, § 2º da Lei Fundamental Alemã, que diz: '(restrições de direito)'. Em algum caso pode um direito fundamental ser afetado em seu conteúdo essencial. Segundo *Alexy Robert* (*Doutrinador espanhol*) só poderia ocorrer se houvesse precedência de um princípio oposto, é o âmbito, a partir do qual não haja dúvida que não existe nenhum bem jurídico legítimo de igual ou maior valor, que restrinja direitos fundamentais. O princípio da igualdade para fundamentar a decisão de inconstitucionalidade traria os problemas que são evitados pelo princípio da proporcionalidade. As classes beneficiadas não poderão sacrificar-se, devido à exclusão de outras. Estas, em virtude do princípio da igualdade, poderão fazer suas reivindicações. A proporcionalidade permite uma interpretação conforme a Constituição. Inconstitucional é a omissão ou lacuna da lei que poderá ser entendida como omissão legislativa. Portanto, não tratar-se-ia de declaração de inconstitucionalidade da lei, sem a conseqüência da nulidade e mesmo sem a redução do texto, mas de uma declaração de inconstitucionalidade por omissão do legislador. Há uma lacuna que precisa ser colmatada e assim respeitar o princípio da isonomia."

O Professor *Torrecillas Ramos* finaliza sua lapidar palestra remetendo-se a um exemplo sobre a inconstitucionalidade em tese, diferentemente do caso concreto que mencionou e foi aqui transcrito quase que na íntegra. Ele conclui expressando que

> "Evidentemente, aplica-se outro raciocínio quando a inconstitucionalidade é de um artigo, um inciso, uma alínea, um parágrafo, que expressamente excluem o benefício e podem isoladamente, cada um, contrariar o princípio da igualdade. É constitucional o dispositivo que confere um benefício, de acordo com o princípio da proporcionalidade e inconstitucional o dispositivo que nega o benefício a determinadas classes porque fere o princípio da isonomia. Se a inconstitucionalidade, por omissão ou expressa, apresentar-se no mesmo dispositivo, e na impossibilidade da declaração de inconstitucionalidade de parte de um artigo, de um inciso, de uma alínea ou de um parágrafo a solução será outra. Neste caso considerar-se-á a decisão de inconstitucionalidade sem a declaração de nulidade, quando expressa. Na omissão parcial, haverá constitucionalidade quanto aos beneficiados e a inconstitucionalidade quanto aos excluídos.
>
> Também não seria o caso de uma inconstitucionalidade, superveniente, devido às mudanças das relações fáticas. Aqui os efeitos das decisões não retroagem ao nascimento da lei. Os efeitos serão produzidos *ex nunc*, para o futuro, a partir do momento da decisão porque até ela, a lei, ainda era constitucional e a partir da mudança das relações fáticas, que provocou a decisão, passa a ser inconstitucional. Estes casos resolver-se-iam pelos critérios de nulidade ou anulabilidade de segundo grau a partir do instante em que se caracteriza a inconstitucionalidade e é declarada pelo Tribunal.
>
> Ainda poderemos ter a inconstitucionalidade superveniente, devido à mudança de composição do Tribunal e em conseqüência a mudança da maioria invertendo-se a decisão sobre uma determinada lei ou algum de seus dispositivos. Neste caso, e nos demais citados, tal qual o do funcionário de fato, aplica-se a decisão de

inconstitucionalidade, com efeitos futuros, como exceção e para fazer justiça.

Não se trata, portanto, de competência do legislador infraconstitucional para regular os efeitos da decisão do STF quanto aos prazos. A regra da nulidade ou anulabilidade com efeito *ex tunc*, retroativo permanece em coerência com a doutrina e com a jurisprudência. Apenas excepcionalmente, 'por razões de segurança jurídica ou de excepcional interesse social poderá o STF', conforme diz a lei, 'restringir os efeitos da declaração ou decidir que tenha eficácia a partir do trânsito em julgado ou de momento futuro'. Não é regra e nem competência, mas exceção para fazer justiça. Mas justiça far-se-á, também, se for fixado um prazo razoável para a eficácia da decisão, uma vez que a lei brasileira é omissa neste sentido."

A discussão em voga neste momento versa acerca dos efeitos da decisão proferida pelo STF em sede de "Argüição de Descumprimento de Preceito Fundamental", especialmente no que se refere aos "efeitos temporais".

Até então apresentou-se a corrente doutrinária contrária à plausibilidade do dispositivo que confere ao STF, em vista a "razões de segurança jurídica ou de excepcional interesse social", a possibilidade de "escolher" a época em que sua própria decisão começará a produzir os seus devidos efeitos, ou, ainda, que estes sejam apenas em caráter *ex nunc*, em vez do tradicional *ex tunc* em face do controle concentrado de constitucionalidade do sistema pátrio.

Antes de adentrar-se na seara da linha favorável à mitigação apregoada pela prescrição do aludido art. 11, da LA, vale abrir-se um parêntese e transcrever o que *Walter Claudius Rothenburg* [*In* TAVARES, ROTHENBURG (organiz.): 2001, 227] explana a respeito da *modulação dos efeitos de decisão de uma ADPF* [dentre os quais (os efeitos), está enquadrado o efeito temporal]. Vem à baila, pois, o entendimento e a preleção no sentido de que

> "Seguindo as tendências mais atuais, é possível conferir à decisão da Argüição de Descumprimento de Preceito Fundamental capacidade de modulação dos efeitos. Essa modulação pode ocorrer em relação a quatro dimensões: (i) *quanto à eficácia subjetiva da decisão* (alcance da decisão em relação ao universo de pessoas afetadas); (ii) *quanto à eficácia temporal da decisão* (alcance da decisão em relação ao período abrangido) (grifos); (iii) *quanto à eficácia vinculante da decisão* (em relação a outros órgãos aplicadores do direito); e (iv) *quanto à eficácia material da decisão* (alcance do conteúdo da decisão) (grifos originais). Nesse passo, o citado art. 10 é reforçado pelo artigo seguinte da Lei n. 9.882/99, que autoriza o STF, ao decidir pelo descumprimento

ou não de preceito fundamental (na verdade, a linguagem do texto normativo é mais estreita, referindo-se somente à declaração de inconstitucionalidade de lei ou ato normativo, mas uma interpretação extensiva impõe-se, para incluir os demais objetos da argüição — e não apenas os atos normativos —, bem como o reconhecimento da constitucionalidade — e não só o descumprimento), a 'restringir os efeitos daquela declaração ou decidir que ela só tenha eficácia a partir de seu trânsito em julgado ou de outro momento que venha a ser fixado'.

Portanto, a decisão pode alcançar determinadas pessoas, desde que não se ofenda o dogma da isonomia. Imagine-se a tentativa de realização de venda em bloco, pelo Governo, de diversas empresas estatais, após a obtenção de autorização legislativa para tanto, e o questionamento judicial dos atos de privatização. O reconhecimento de efetivo descumprimento de preceito fundamental (no caso, algum princípio geral da atividade econômica) e a conseqüente declaração de nulidade dos atos de privatização talvez pudesse atingir apenas as estatais lucrativas e não as deficitárias. Também no combate à omissão parcial, quando contemplado apenas um segmento de pessoas (por exemplo, certas categorias profissionais ou parcela do funcionalismo público), a modulação dos efeitos subjetivos da decisão da argüição poderia permitir que se alcançassem apenas os indevidamente excluídos.

Pode também a decisão limitar-se no tempo, salvando efeitos já produzidos do ato inquinado ou protraindo os efeitos da inconstitucionalidade para o futuro. Aliás, é quanto à eficácia temporal dos efeitos da inconstitucionalidade que se referem expressamente o art. 11 da Lei n. 9.882/99 e o art. 27 da Lei n. 9.868/99 ('restringir os efeitos daquela declaração ou decidir que ela só tenha eficácia a partir de seu trânsito em julgado ou de outro momento que venha a ser fixado')."

Feita a ressalva e "fechando-se o parêntese", passa-se pois a apresentar, tal como fora lobrigado logo atrás quando "abriu-se o referido 'sinal de pontuação'", o pensamento de doutrinadores tão renomados quanto aqueles que são partidários da inconstitucionalidade do art. 11, da Lei n. 9.882/99, conforme depreende-se da leitura do que foi exposto até então. Alguns, inclusive, como visto, são juristas que fizeram parte da comissão que elaborou o projeto que culminou na Lei em evidência.

Celso Bastos [*In* TAVARES, ROTHENBURG (organiz.): 2001, 83] defende a legitimidade do dispositivo, em face do fato de que

"Consoante determinação expressa do art. 11, tem-se que, ao reconhecer o descumprimento (a lei fala em inconstitucionalidade), e com fundamento em razões de segurança jurídica ou de interesse excepcional da sociedade, fica o STF autorizado, desde que por maioria de dois terços de seus membros, a restringir os efeitos de declaração ou decidir que esta só tenha efeitos a partir do trânsito em julgado de sua decisão ou mesmo de outro momento que eventualmente possa se fixado na decisão. Trata-se de prática originada no seio da Corte Constitucional alemã e já incorporada à realidade brasileira pelo STF.

A possibilidade de reconhecer a inconstitucionalidade mas admitir que a lei continue a ser aplicada por determinado tempo ou a determinadas situações faz parte da práxis do STF. É o que se tem denominado por 'modernas formas de interpretação constitucional' e que consubstanciam técnicas de interpretar as leis em relação ao comando constitucional."

Gilmar Mendes [*In* MARTINS (coord.): 2002, 435], como fez referência o próprio Prof. *Ives Gandra Martins* [*In* TAVARES, ROTHENBURG (organiz.): 2001, 171] "Tive a oportunidade de participar da Comissão de juristas que elaborou o projeto da Lei n. 9.882/99, que dispõe sobre a argüição de descumprimento de preceito fundamental, nos termos do art. 102, § 1º, da Constituição Federal. Embora as decisões tomadas pela comissão tenham sido quase sempre consensuais, em um ponto divergi de meus ilustres colegas *Arnaldo Wald, Celso Bastos, Oscar Corrêa* e *Gilmar Mendes*...", compôs a comissão que formatou a lei ora em estudo, em 2002 tornou-se o mais recente Ministro do STF e escreveu sobre "A Declaração de Inconstitucionalidade e Caráter Limitativo ou Restritivo" (art. 27 da Lei n. 9.868/99, extensivo ao art. 11 da Lei n. 9.882/99, objeto da análise ora em curso).

O art. 27, da Lei n. 9.868/99 tem o texto semelhante ("Ao declarar a inconstitucionalidade de lei ou ato normativo, e tendo em vista razões de segurança jurídica ou de excepcional interesse social, poderá o Supremo Tribunal Federal, por maioria de dois terços de seus membros, restringir os efeitos daquela declaração ou decidir que ela só tenha eficácia a partir de seu trânsito em julgado ou de outro momento que venha a ser fixado") ao do art. 11, da Lei n. 9.882/99. Na obra à que se fez alusão no parágrafo anterior [MARTINS (coord.): 2002, 685 p.], o Ministro do STF leciona a respeito do art. 27, da Lei n. 9.868/99 e, pela verossimilhança de suas prescrições com o dispositivo em exame, a apreciação de tal ensinamento, por analogia, é plausível e consentânea.

A aula do Ministro [*In* MARTINS (coord.): 2002, 443] versa sobre

"6.2. A LIMITAÇAO DE EFEITOS E O ART. 27 DA LEI N. 9.868/99

O princípio da nulidade continua a ser a regra também no direito brasileiro. *O afastamento de sua incidência dependerá de um severo juízo de ponderação* (grifos) que, tendo em vista análise fundada no princípio da proporcionalidade, faça prevalecer a idéia de segurança jurídica ou de outro princípio constitucional relevante manifestado sob a forma de interesse social relevante. Assim, aqui, como no direito português, a não-aplicação do princípio da nulidade não se há de basear em consideração de política judiciária, mas em fundamento constitucional próprio.

O princípio da nulidade somente há de ser afastado se se puder demonstrar, com base numa ponderação concreta, que a declaração de inconstitucionalidade ortodoxa envolveria o sacrifício da segurança jurídica ou de outro valor constitucional materializável sob a forma de interesse social. Entre nós, cuidou o legislador de conceber um modelo restritivo também no aspecto procedimental, consagrando a necessidade de um *quorum* (grifos originais) especial (dois terços dos votos) para a declaração de inconstitucionalidade com efeitos limitados.

Vê-se, pois, que, também entre nós, terá significado especial o princípio da proporcionalidade, especialmente a proporcionalidade em sentido estrito, como instrumento de aferição da justeza da declaração de inconstitucionalidade (com efeito da nulidade), tendo em vista o confronto entre os interesses afetados pela lei inconstitucional e aqueles que seriam eventualmente sacrificados em conseqüência da declaração de inconstitucionalidade."

O Ministro finaliza sua exposição demonstrando as possibilidades de resoluções e de deliberações que, em princípio e em teoria, o STF pode pronunciar e expedir.

Sendo assim, é certo que

"Nos termos do art. 27 da Lei n. 9.868, de 1999, o STF poderá proferir, em tese, uma das seguintes decisões:

a) declarar a inconstitucionalidade apenas a partir do trânsito em julgado da decisão (declaração de inconstitucionalidade *ex nunc*);

b) declarar a inconstitucionalidade, com a suspensão dos efeitos por algum tempo a ser fixado na sentença (declaração de inconstitucionalidade com efeito *pro futuro*) e, eventualmente;

c) declarar a inconstitucionalidade sem a pronúncia da nulidade, permitindo que se operem a suspensão de aplicação de lei e dos processos em curso até que o legislador, dentro do prazo razoável, venha a se manifestar sobre situação inconstitucional (declaração de inconstitucionalidade sem pronúncia de nulidade = restrição de efeitos).

Assim, tendo em vista razões de segurança jurídica, o Tribunal poderá afirmar a inconstitucionalidade com eficácia *ex nunc*. Nessa hipótese, a decisão de inconstitucionalidade eliminará a lei do ordenamento jurídico a partir do trânsito em julgado da decisão (cessação da ultra-atividade da lei/hipótese *a*).

Outra hipótese (hipótese *b*) expressamente prevista no art. 27 (vale lembrar que, não obstante a abordagem referir-se a este artigo, o mesmo art. 27, da Lei n. 9.868/99 tem uma notória similitude com o art. 11, da Lei n. 9.882/99, este sim, um dos objetos precípuos desta obra em curso) diz respeito à declaração de inconstitucionalidade com eficácia a partir de um dado momento no futuro (declaração de inconstitucionalidade com efeito *pro futuro*). Nesse caso, a lei reconhecida como inconstitucional, tendo em vista fortes razões de segurança jurídica ou de interesse social, continuará a ser aplicada dentro do prazo fixado pelo Tribunal. A eliminação da lei declarada inconstitucional do ordenamento submete-se a um termo pré-fixo. Considerando que o legislador não fixou o limite temporal para a aplicação excepcional da lei inconstitucional, caberá ao próprio Tribunal essa definição.

(...)

Finalmente, poderão surgir casos que recomendem a adoção de uma pura declaração de inconstitucionalidade sem pronúncia de nulidade (suspensão de aplicação da lei e suspensão dos processos em curso) (hipótese *c*). Poderá ser o caso de determinadas lesões ao princípio da isonomia. Nessas situações, muitas vezes não pode o Tribunal eliminar a lei do ordenamento jurídico sob pena de suprimir uma vantagem ou avanço considerável. A preservação dessa situação sem qualquer ressalva poderá importar, outrossim, no agravamento do quadro de desigualdade verificado. Assim, um juízo rigoroso de proporcionalidade poderá recomendar que se declare a inconstitucionalidade sem nulidade, *congelando* (grifos originais) a situação jurídica existente até o pronunciamento do legislador sobre a superação da situação inconstitucional."

A divergência em muitos e em determinados aspectos é algo marcante no Direito. Na esteira da manifestação de *Gilmar Mendes* — e conseqüentemente em contraposição aos não menos renomados doutrinadores que já se manifestaram no sentido de considerar descabida a prescrição do art. 11, tais como, *Paulo Brossard, Ives Gandra Martins, Elival da Silva Ramos, Sérgio Resende de Barros*, dentre outros — exposta logo atrás e também saindo em defesa da constitucionalidade do dispositivo em voga (art. 11, da Lei n. 9.882/99) está um dos Membros/Magistrados do Superior Tribunal de Justiça (STJ), o

Ministro *Carlos Alberto Menezes Direito* [*In* MARTINS (coord.): 2002, 170], o qual traz à lume que

> "Finalmente, *o art. 11 da Lei n. 9.882/99 dispõe sobre a declaração de inconstitucionalidade de lei ou ato normativo, no processo de argüição de descumprimento* (grifos). Aí, sim, teremos uma declaração incidental de inconstitucionalidade, no âmbito do STF, que deverá obedecer ao que dispõe a Constituição Federal no que concerne ao *quorum* da maioria absoluta de seus membros (art. 97). O dispositivo é criticado severamente por *Elival da Silva Ramos* (*vide* a posição deste transcrita no início da exposição acerca do instituto do art. 11, da Lei n. 9.882/99), apontando a influência do art. 282, n. 4, da Constituição Portuguesa, o qual entende não poder o legislador infraconstitucional conferir ao STF 'um poder de saneamento parcial da invalidade legislativa, em face do descumprimento de preceito fundamental, invalidade, com suas características de nulidade de pleno direito, que brota do sistema de controle disciplinado em nível superior?', sendo a matéria de cunho nitidamente constitucional."

Dá seguimento, o Ministro *Carlos Alberto Menezes Direito*, trazendo em defesa de sua "tese" ninguém menos que o Professor Nelson Jobim, Ministro do STF. O Ministro do STJ, Professor *Menezes Direito*, menciona que

> "... A regra está, também, no art. 27 da Lei n. 9.868, de 10 de novembro de 1999, que disciplina o processo e julgamento da ação direta de inconstitucionalidade e da ação declaratória de constitucionalidade, que teve anteprojeto elaborado por comissão nomeada pelo então Ministro da Justiça, Professor Nelson Jobim, hoje Ministro do STF, e que tive a honra de integrar, sob a coordenação do Professor Caio Tácito.
>
> Sobre o tema, vale lembrar a exposição de motivos do então Ministro da Justiça (*Nelson Jobim*), que considerou que a 'falta de um instituto que permita estabelecer limites aos efeitos da declaração de inconstitucionalidade acaba por obrigar os Tribunais, muitas vezes, a se absterem de emitir um juízo de censura, declarando a constitucionalidade de leis manifestamente inconstitucionais', e, também, que 'nos próprios Estados Unidos da América, onde a doutrina acentuara tão enfaticamente a idéia de que a expressão 'lei inconstitucional' configurava uma *contraditio in terminis*, uma vez que 'the inconstitucional statute is not law at all' (cf. *W. W. Willoughby*, *The Constitucional Law of The United States*, vol. I, pp. 9-10; cf., também, Thomas Cooley, *Treatise on the Constitucional Limitations*, 1878, p. 227), passou-se a admitir, após a grande depressão, a necessidade de se estabelecerem limites

à declaração de inconstitucionalidade (cf. *Laurence Tribe, The American Constitucional Law*, p. 27)'. Lembrou, também, que a "Corte Constitucional alemã passou a adotar, já no início de sua judicatura, em 1954, a chamada decisão de apelo (*Appelentscheidung*), que lhe outorgava a possibilidade de afirmar que a lei se encontrava em processo de inconstitucionalização, recomendando ao legislador, por isso, que procedesse de imediato às correções reclamadas. Segundo a fórmula adotada pelo Tribunal, a lei questionada seria, ainda, constitucional (*es ist noch verfassungsgemäss*), o que impediria a declaração imediata de sua inconstitucionalidade. O legislador deveria atuar, porém, para evitar a conversão desse Estado imperfeito ou de uma situação ainda constitucional em um Estado de inconstitucionalidade (cf. sobre o assunto, entre nós, *Gilmar Ferreira Mendes*, "O Apelo ao Legislador — Appelentscheidung — na Praxis da Corte Constitucional Alemã", *in RDP* n. 99, p. 32 e ss.).

Gilmar Ferreira Mendes mostra que o conceito, na doutrina alemã, tanto pode abranger 'a decisão na qual o Tribunal reconhece a situação como 'ainda inconstitucional', anunciando a conversão desse Estado de constitucionalidade imperfeita num situação de completa inconstitucionalidade', como, segundo alguns autores a utilizam, 'também para designar as decisões do Bundesverfassungsgericht que declaram a inconstitucionalidade da norma sem, no entanto, pronunciar a sua nulidade' (*Jurisdição Constitucional*, Saraiva, 2ª ed., 1998, p. 230) (grifos todos originais)."

Pautando-se em sua própria digressão, o Ministro *Carlos Alberto Menezes Direito* [*In* MARTINS (coord.): 2002, 171] conclui sua exposição e declara sua posição favorável ao instituto previsto pelo/no art. 11, da Lei n. 9.882/99 afirmando que

> "*Com todo respeito à crítica formulada pelo Professor Elival da Silva Ramos, não creio que haja inconstitucionalidade. É certo que a novidade, a revelar basicamente uma influência clara da operação constitucional do direito alemão, rompe com a tradição brasileira; mas, não é menos certo que é benfazeja diante de nossa realidade legislativa. E não vejo inconstitucionalidade no dispositivo que, apenas, regula os efeitos da decisão do Supremo Tribunal Federal, o que está mesmo na alçada do legislador infraconstitucional* (grifos)."

O Consultor-Geral da União, Dr. *André Serrão Borges de Sampaio*, expediu um parecer (pede-se permissão para que "quebre-se", novamente, o protocolo) "singular" acerca do tema que versa sobre a legitimidade do dispositivo contido no art. 27, da Lei n. 9.868/99. Sabe-se que a constitucionalidade desta norma infraconstitucional está sendo questionada em duas ações diretas de inconstitucionalidade, as ADIn's 2.154/00 e 2.258/00. O art. 11, da Lei n. 9.882/99, como já visto e exaustivamente sendo aqui estudado, tem a sua redação (e o seu sentido) deveras semelhante à do art.27 logo atrás citado e está sendo impugnado — o art. 11 da LA — na ADIn 2.231-8/00 (vale ratificar que o art. 27, da Lei n. 9.868/99 está sendo atacado pela ADIn 2.154/00 e pela ADIn 2.258/00). O Relator da ADIn 2.231-8/00, Ministro Néri da Silveira — recentemente (em 2002) substituído por Gilmar Mendes —, votou pelo indeferimento da medida cautelar requerida pelo Conselho Federal da Ordem dos Advogados do Brasil (CFOAB — o qual compreende que o citado art. 11 é inconstitucional), *por entender que a fórmula proposta pelo artigo em cena não seria incompatível com a Carta Magna* (isto é, seria compatível com o Texto Supremo), não obstante o julgamento da ADIn 2.231-8/00 ainda não ter sido completada.

A propósito, também como já frisado no decorrer desta dissertação, o texto do art. 27, da Lei n. 9.868/99 é verossimilhante ao do art. 11, da Lei n. 9.882/99 e o parecer do Consultor-Geral da União versa sobre o art. 27, da Lei n. 9.868/99: logo, o conteúdo das informações dadas pelo Dr. André Serrão Borges de Sampaio também pode ser aplicado ao estudo do art. 11, da LA, tal como fizera-se logo atrás, quando da utilização da lição do Ministro Gilmar Mendes sobre o referido art. 27, da Lei n. 9.868/99 em face do art. 11, da Lei n. 9.882/99.

Em virtude à relativa extensão do texto do parecer do Consultor, pairou uma dúvida sobre a validade em enunciá-lo na íntegra. Após alguns momentos de circunspecção, entendeu-se que furtar-se de transcrevê-lo plenamente seria privar o leitor (e o pesquisador) de uma (pede-se licença para mais uma "ruptura" às formalidades acadêmicas impostas pela ABNT) monumental lição jurídico-doutrinária. Entre a ação e a omissão, aquela prevaleceu.

Sendo assim, o Dr. *André Serrão Borges de Sampaio* [*In* MARTINS (coord.): 2002, 435 — nota] assevera que (tenha-se presente que a transcrição está, excepcionalmente, incrustada no texto original, como se assim o fosse, a fim de — em face de sua extensão — facilitar a leitura)

> "(...) sabemos todos, com *Karl Larenz*, que uma Corte Constitucional deve considerar a repercussão de suas decisões antes de proferi-las [*Metodologia da Ciência do Direito*, Lisboa, Calouste Gulbenkian, 2ª ed., p. 441: 'Ao Tribunal Constitucional incumbe uma responsabilidade política na manutenção da ordem jurídico-estadual e da sua capacidade de funcionamento. (...) Aqui a ponderação das conseqüências é, portanto, de todo irrenunciável (...)'].

Garcia de Enterría *já nos havia indicado que o apego inflexível ao dogma da nulidade da lei inconstitucional pode constituir, em razão da impossibilidade prática de mantê-lo, um desserviço à máxima eficácia da ordem constitucional pela eventual convalidação de atos inconstitucionais* (grifos). Em verdade, a flexibilização do dogma da nulidade da lei inconstitucional, ao permitir a introdução de novas técnicas de decisão semelhantes à declaração de inconstitucionalidade da lei sem a pronúncia de nulidade e ao apelo ao legislador (*Mendes, Jurisdição Constitucional, op. cit.*, pp. 202 e ss. e 229 e ss.), permite ampliar a capacidade decisória da Corte Constitucional e, com isso, fazer frente às demandas do controle de constitucionalidade em situações normativas e fáticas crescentemente complexas (tais como as imposições do princípio da isonomia e o controle da inconstitucionalidade por omissão).

Se, do ponto de vista da política constitucional, é inquestionável a relevância da adoção de uma flexibilização do dogma da nulidade da lei inconstitucional, do ponto de vista estritamente jurídico-dogmático, resta ainda uma indagação que a mera reprodução dos já conhecidos e matizados posicionamentos sobre a mais adequada disciplina da matéria não é capaz de revelar. Ao se afirmar que o princípio da nulidade da lei inconstitucional possui *status* constitucional, a legitimidade de sua flexibilização por lei ordinária estaria a depender da identificação de um fundamento de hierarquia igualmente constitucional que a autorizasse. *Assim posta a questão, não se cuida de saber se o princípio da nulidade da lei inconstitucional possui status constitucional, mas sim se sua flexibilização poderia contar com fundamento de igual hierarquia e assim apto a legitimá-la* (grifos).

É lição comezinha da doutrina constitucional contemporânea a existência de tensões entre princípios constitucionais (*Canotilho, op. cit.*, p. 171 e ss.). A solução de tais conflitos de princípios jurídicos não se dá, todavia, por meio da exclusão de um dos princípios colidentes, mas antes por meio de uma ponderação em que se determina, sob determinadas circunstâncias, a prevalência de um dos princípios contrapostos. Esse procedimento metódico recebe diversas denominações (ponderação, colisão de direitos ou princípios fundamentais, equilíbrio de direitos, etc.) que podem ser reconduzidas à idéia geral de cotejo da adequação de cada princípio às circunstâncias fáticas e normativas do caso a decidir (*vide*, a respeito, a internacionalmente prestigiosa obra de ALEXY, Robert, *Teoría de los Derechos Fundamentales*, Madrid, Centro de Estudios Constitucionales, 1993, em que se sustenta que a ponderação de direitos obedece, em última análise, às máximas do princípio da proporcionalidade ou, entre nós, do devido processo legal em sentido material: art. 5º, LIV). De fato, a regra inserta no art. 27 da Lei sob exame traduz uma autorização legislativa (e sempre haverá uma reserva legal implícita em todo o conflito entre normas ou princípios constitucionais com vistas ao estabelecimento de padrões normativos para a sua solução: *Canotilho, op. cit.*, pp. 619-622) para que a Corte Constitucional proceda à ponderação entre o princípio constitucional da nulidade da lei inconstitucional e 'razões de segurança jurídica ou de excepcional interesse social', por meio da qualificadíssima maioria de dois terço de seus membros.

O legislador fixou, destarte, os termos fundamentais da ponderação a que será submetido o princípio da nulidade da lei inconstitucional: exigência de maioria extraordinariamente qualificada, e oposição do princípio da nulidade à segurança jurídica e ao excepcional interesse social. A questão decisiva para manifestar-se acerca da legitimidade dessa autorização legislativa reside, portanto, em definir se os princípios da segurança jurídica e o excepcional interesse social possuem *status* constitucional. Se o possuírem, sua ponderação com o princípio da nulidade da lei inconstitucional — tal como expressamente autorizada pelo legislador — será indubitavelmente legítima.

Como sabemos todos, é inegável o *status* constitucional do princípio da segurança jurídica. Em nosso texto constitucional, o princípio da segurança jurídica possui inequívoca consagração em, ao menos, duas expressas disposições constitucionais. A primeira e mais evidente é aquela inserta no art. 5º, XXXVI, da Constituição Federal, em que se protegem frente à lei o direito adquirido, o ato jurídico perfeito e a coisa julgada. No que toca a essa última, o prazo para a propositura de ação rescisória constitui, por exemplo, uma inequívoca cláusula de preclusão por meio da qual se imunizam em relação à pretensão rescisória inclusive aquelas decisões fundadas em leis inconstitucionais ou que tomaram por inconstitucional lei perfeitamente legítima. Parece evidente, nessa medida, que a proteção da coisa julgada consubstancia direta emanação do princípio da segurança jurídica — ainda que o alcance deste princípio, como é próprio da maior generalidade e abstração de qualquer princípio, transcenda àquela regra que protege a coisa julgada (*Canotilho, op. cit.*, p. 147).

Há igualmente uma outra disposição constitucional em que se encontra assegurado o *status* constitucional do princípio da segurança jurídica. Trata-se do macroprincípio do Estado de Direito (art. 1º da Constituição Federal), entre cujos subprincípios se situa o princípio da segurança jurídica. Restou assentado na doutrina constitucional alemã e portuguesa a identificação de um conjunto de princípios integrantes do macroprincípio do Estado de Direito, a saber, entre outros: os subprincípios da Legalidade, da Reserva Legal, da Segurança Jurídica, da Divisão dos Poderes e da Proporcionalidade (*vide*, a respeito, *Canotilho*, *op. cit.*, p. 375 e ss., e notas dos tradutores em KIMMINICH, Otto, 'A Jurisdição Constitucional e o Princípio da Divisão dos Poderes', RDP 92/17-33). Afirma *Canotilho* acerca dos limites da retroatividade, em tudo transcendentes das situações estritamente protegidas pela coisa julgada:

'Não é líquido que a Constituição tenha considerado como limite à retroactividade da declaração de inconstitucionalidade apenas o caso julgado, entendido no sentido restrito acabado de mencionar.

Pode entender-se que os limites à retroactividade se encontram na definitiva consolidação de situações, actos, relações, negócios a que se referia a norma declarada inconstitucional. Se as questões de facto ou de direito regulados pela norma julgada inconstitucional se encontram definitivamente encerradas porque sobre elas incidiu caso julgado judicial, porque se perdeu um direito por prescrição ou caducidade, porque o acto se tornou inimpugnável, porque a relação se extinguiu com o cumprimento da obrigação, então a dedução da inconstitucionalidade, com a conseqüente nulidade *ipso jure*, não perturba, através da sua eficácia retroactiva, esta vasta gama de situações ou relações consolidadas. Pode dizer-se que a norma viciada de inconstitucionalidade não era já materialmente reguladora de tais situações, sendo irrelevante a sua subseqüente declaração de inconstitucionalidade' (*Op. cit.*, p. 1.083).

Constata-se, por conseguinte, a validade universal da necessidade de firmar-se ponderação entre as situações constituídas — em nome da segurança jurídica — e o princípio da nulidade da lei inconstitucional.

Na República Federal da Alemanha, é também uma lei ordinária — a lei de organização do Tribunal Constitucional Federal — que autoriza a adoção da eficácia distinta da *ex tunc* no juízo de inconstitucionalidade. Leciona Gilmar Mendes a esse respeito:

'Também a Corte Constitucional Alemã passou a adotar, já no início de sua judicatura, em 1954, a chamada decisão de apelo (*Appelentscheidung*), que lhe outorgava a possibilidade de afirmar que a lei se encontrava em processo de inconstitucionalização, recomendando ao legislador, por isso, que procedesse de imediato às correções reclamadas. Segundo a fórmula adotada pelo Tribunal, a lei questionada seria, ainda, constitucional (*es ist noch verfassungsgemäss*), o que impediria a declaração imediata de sua inconstitucionalidade. O legislador deveria atuar, porém, para evitar a conversão desse estado imperfeito ou de uma situação ainda constitucional em um estado de inconstitucionalidade.

Ao lado da declaração de nulidade, prevista no § 78 da Lei do *Bundesverfassungsgericht*, e do apelo ao legislador, desenvolveu o Tribunal outra variante de decisão, a declaração de incompatibilidade ou declaração de inconstitucionalidade sem a pronúncia da nulidade. Desde 1970, prevê o § 31, (2), 2º e 3º períodos, da Lei do *Bundesverfassungsgericht*, que o Tribunal poderá declarar a constitucionalidade, a nulidade ou a inconstitucionalidade (sem a pronúncia de nulidade) de uma lei.

No modelo Tedesco, as conseqüências da declaração de inconstitucionalidade sem a pronúncia de nulidade não podem ser inferidas diretamente da Lei do *Bundesverfassungsgericht*.

Pode-se depreender das primeiras decisões que o Tribunal considerava admissível a aplicação provisória da lei que teve a sua inconstitucionalidade declarada. Uma posição definitiva sobre a questão somente foi tomada na decisão relativa à nacionalidade dos filhos provenientes dos chamados 'casamentos mistos', na qual o *Bundesverfassungsgericht* houve por bem equiparar, no que concerne à aplicação subseqüente da lei inconstitucional, a declaração de inconstitucionalidade sem a pronúncia da nulidade [*BverfGE* 37, 217 (262)] à declaração de nulidade. Segundo o entendimento firmado nessa decisão, a lei simplesmente inconstitucional (*unvereinbar*), mas que não teve a sua nulidade pronunciada, não mais pode ser aplicada. Uma exceção a esse princípio somente seria admissível se da não-aplicação pudesse resultar vácuo jurídico intolerável para a ordem constitucional' (*Mendes*, 'Processo e Julgamento ...', *in op. cit.*, pp. 426-428).

A experiência alemã revela, por conseguinte, a admissibilidade da introdução de efeito distinto da nulidade no juízo de inconstitucionalidade sem que se verifique expressa disposição constitucional a respeito, impondo-se antes uma ponderação entre o interesse social, a colmataçao de lacunas na ordem jurídica, a conseqüente segurança e eficácia do direito e o princípio da nulidade da lei inconstitucional. Como observado na citação, a lei orgânica do Tribunal Constitucional Federal não exaure a matéria, cuja solução está a depender da interpretação e aplicação *in concreto* dos imperativos constitucionais propiciada pela Corte Constitucional.

Entre nós, tal problema não passou despercebido aos eminentes integrantes deste Pretório Excelso. Com efeito, assinalava *Leitão de Abreu*:

'Acertado se me afigura, também, o entendimento de que se não deve ter como nulo *ab initio* ato legislativo, que entrou no mundo jurídico munido de pretensão de validade, impondo-se, em razão disso, enquanto não declarado inconstitucional, à obediência pelos destinatários de seus comandos. Razoável é a inteligência, a meu ver, de que se cuida, em verdade, de ato anulável, possuindo caráter constitutivo a decisão que decreta a nulidade. Como, entretanto, em princípio, os efeitos dessa decisão operam retroativamente, não se resolve, com isso, de modo pleno, a questão de saber se é mister haver como delitos do orbe jurídico atos ou fatos verificados em conformidade com a norma que haja sido pronunciada como inconsistente com a ordem constitucional. Tenho que procede a tese, consagrada pela corrente discrepante, a que se refere o *Corpus Juris Secundum*, de que a lei inconstitucional é um fato eficaz, ao menos antes da determinação da inconstitucionalidade, podendo ter conseqüências que não é lícito ignorar. A tutela de boa-fé exige que, em determinadas circunstâncias, notadamente quando, sob a lei ainda não declarada inconstitucional se estabeleceram relações entre o particular e o Poder Público, se apure, prudencialmente, até que ponto a retroatividade da decisão, que decreta a inconstitucionalidade pode atingir, prejudicando-o, o agente que teve por legítimo o ato e fundado nele, operou presunção de que estava procedendo sob o amparo do direito objetivo' (RE n. 79.343 — BA, Relator Ministro Leitão de Abreu, *RTJ* vol. 82, p. 795).

Igualmente o Ministro *Maurício Corrêa* tornou manifesta sua preocupação com o problema:

'Creio não constituir-se afronta ao ordenamento constitucional exercer a Corte política judicial de conveniência, se viesse a adotar sistemática, caso por caso, para a aplicação de quais efeitos que deveriam ser interpostos, quando, como nesta hipótese, defluísse situação tal a recomendar, na salvaguarda dos superiores interesses do Estado e em razão da calamidade dos cofres da Previdência Social, se buscasse o *dies a quo*, para a eficácia dos efeitos da declaração de inconstitucionalidade, a data do deferimento da cautelar. (...)

Ressalvada a minha posição pessoal quanto aos efeitos para a eficácia da decisão que, em nome da conveniência e da relevância da segurança social, seriam a partir da concessão da cautelar deferida em 9 de setembro de 1994, e acolhendo a manifestação do Procurador-Geral da República, julgo procedentes as Ações Diretas de Inconstitucionalidade ns. 1.102-2, 1.108-1 e 1.116-2, para, confirmando a liminar concedida pela maioria, declarar a inconstitucionalidade das expressões 'empresários' e 'autônomos' contidas no inciso I do art. 22 da Lei n. 8.212, de 25 de julho de 1991' (Ação Direta de Inconstitucionalidade n. 1.116-DF, Relator Ministro Maurício Corrêa, RTJ vol. 160, p. 805).

O Ministro *Célio Borja*, se, por um lado, efetivamente aferrou-se, no caso a seguir citado, ao princípio da nulidade da lei inconstitucional, por outro lado, cuidou de indagar acerca da eventual ocorrência de 'excepcional interesse social' que legitimasse o afastamento do princípio da nulidade da lei inconstitucional, *in verbis*:

'A alegação de só poder ter efeito *ex nunc* a decisão que nulifica lei que instituiu ou aumentou tributo auferido pelo Tesouro e já aplicado em serviços ou obras públicas. Sua inaplicabilidade à hipótese dos autos que não cogita, exclusivamente, de tributo já integrado ao patrimônio público, mas, de ingresso futuro a ser apurado na declaração anual do contribuinte e recolhido posteriormente. Também não é ela atinente a eventual restituição de imposto pago a maior, porque está prevista em lei e terá seu valor reduzido pela aplicação de coeficiente menos gravoso.

Não existe ameaça iminente à solvência do tesouro, à continuidade dos serviços públicos ou a algum bem política ou socialmente relevante, que justifique a supressão, *in casu*, do efeito próprio, no Brasil, do juízo de inconstitucionalidade da norma, que é a sua nulidade. É de repelir-se, portanto, a alegada ameaça de lacuna jurídica ameaçadora (Bedrohliche Rechtslucke)'. É a posição do Min. *Célio Borja* dentro do texto de *André Serrão Borges de Sampaio* (*Ação Direta de Inconstitucionalidade* n. 513/DF, Relator Ministro Célio Borja, RTJ vol. 141, p. 739).

Nesses termos, ainda que o Ministro *Célio Borja* tenha, no caso concreto sob exame, negado a ocorrência dos pressupostos aptos a afastar a incidência do princípio da nulidade da lei inconstitucional, sugeriu o Ministro a legitimidade de proceder-se a uma tal ponderação.

Se se tem presente que é somente a possibilidade de uma tal ponderação o que o legislador veio a facultar à Corte constitucional, é forçoso concluir pela sua legitimidade, pois os princípios em face dos quais será ponderado o princípio da nulidade da lei inconstitucional possuem hierarquia igualmente constitucional — como acima sugerido. Ademais, a prevalência, intensificada desde a promulgação da Constituição Federal, do sistema de controle de constitucionalidade concentrado em nosso ordenamento jurídico tende a aproximar a disciplina dos efeitos de suas decisões daquela própria do sistema austríaco, isto é, a admissão de decisões de eficácias *ex nunc* (o que, de resto, é absolutamente rotineiro nas decisões relativas a medidas cautelares em ações diretas de inconstitucionalidade: ADIMC-1981/DF; Relator Ministro Néri da Silveira; DJ 5.11.99, p. 2). Ao se considerar que tal fato amplia ainda a capacidade decisória do STF e permite uma adequada, universal e ótima ponderação entre todos os valores constitucionais envolvidos ou afetados por determinada decisão, seria ilegítimo supor que a concessão à Corte Constitucional de faculdade semelhante àquela inscrita no art. 27 da Lei n. 9.868, de 1999, é, antes, exigida pelo complexo sistema constitucional brasileiro. Essa exigência decorreria exatamente da necessidade de promover, por meio da ponderação, a *concordância prática* (*Canotilho, op. cit.*, p. 234) entre os distintos bens, direitos e valores constitucionais afetados em uma decisão da jurisdição constitucional. Nessa medida, inexiste, tal como demonstrado, ilegitimidade alguma na disposição inserida no art. 27 da Lei n. 9.868, de 1999."

Tem-se a convicção de que a transcrição (não só esta, como todas as outras efetuadas no decorrer deste estudo) do parecer do Consultor-Geral da União — "recheado" de votos/posicionamentos de Ministros, ex-Ministros e notórios doutrinadores nacionais e internacionais —, longe de ter sido uma simples compilação e distante de ter sido um trabalho em vão, restou numa contribuição que certamente enriquece e dá excelência à pesquisa ora sendo apresentada e que começa a encaminhar-se para o seu final.

6.11. Análise do art. 12. da Lei n. 9.882/99

"**Art. 12.** A decisão que julgar procedente ou improcedente o pedido em argüição de descumprimento de preceito fundamental é irrecorrível, não podendo ser objeto de ação rescisória."

A decisão que julga *procedente* o pedido de Argüição de Descumprimento de Preceito Fundamental (ADPF) é aquela que declara que houve/há, efetivamente, o Descumprimento de Preceito Fundamental. A que entender que o pedido é *improcedente*, por sua vez, consigna que não houve/há qualquer tipo de afronta ao Texto Magno, no que concerne aos seus preceitos fundamentais.

A obviedade do que foi afirmado logo atrás serve apenas para esclarecer que a decisão, independentemente da direção que o Supremo Tribunal Federal (STF) indicar ao proferi-la em sede de ADPF, *é irrecorrível, bem como, não pode ser objeto de ação rescisória*.

É manifesto que toda sentença judicial deve, peremptoriamente, estar adstrita a "dar ou não dar aquilo que foi *pedido* na inicial", correndo o risco, tal decisão, de ser "*citra, extra ou ultra petita*" (*Direito Processual Civil*, aulas de. UNISA: 2000, apontamentos; cf. NERY JR.: 1999, 778 ss.), algo que não se coaduna com o "conhecidíssimo" *princípio (preceito) constitucional do devido processo legal*, nos termos do Inciso LIV, do art. 5º, da Carta Magna. No caso da Argüição, pelo fato de ser uma Ação Objetiva, o enfoque é outro e entende-se ser de grande valia salientar tal diferença, em virtude da relevância que tal decisão — em face do pedido — terá. Neste passo, segundo TAVARES (2001: 309)

> "... importa sublinhar a particularidade de que *o Supremo Tribunal Federal não fica jungido ao preceito específico invocado pelo autor, podendo considerar que é o caso de argüição de descumprimento por força de outro preceito constitucional fundamental, ou seja, a Corte é livre na apreciação dos fundamentos do pedido, aplicando-se as máximas jura novit curia e da mihi factum dabo tibi jus. Basta, na realidade, que o autor indique a ocorrência de descumprimento de preceito constitucional fundamental existente e a todos dirigido, sendo irrelevante o correto ou adequado enquadramento* (grifos)."

Aparentemente, fica relativamente desconexo falar em *pedido* no momento em que a abordagem versa acerca de *decisão*. No entanto, no exercício de um raciocínio sistemático, do pedido judicial advém uma sentença judicial, da qual, via de regra, é possível novo pleito em grau/instância superior, isto é, um *recurso* (note-se, por conseqüência, o encadeamento *pedido-decisão-recurso*). Ocorre que no caso da Argüição, como visto, o pedido deve ser terminante, enquanto que, de acordo com a lição logo atrás evidenciada, a decisão não está restrita a esta solicitação cabal e, mais além, não se faculta recurso algum. Ora, percebe-se uma dissonância, qual seja, tem-se que pedir de modo circunscrito, pode-se declarar de forma ampla/afora o pedido e não pode-se recorrer! É viável a conclusão de que a relação com o Judiciário (especialmente o Judiciário Constitucional) ficaria demasiadamente desequilibrada, restando este, por conseguinte, com poderes muito maiores do que aqueles que já lhe são outorgados como prerrogativas inerentes.

A fim de sanar a instabilidade e o desequilíbrio de forças suscitados, TAVARES (2001:390) traz à lume que

> "Tem-se admitido, porém, das decisões proferidas em sede de controle concentrado, a interposição de alguns recursos. Podem ser utilizados os embargos infringentes e os embargos de declaração. Consoante o Regimento Interno do Supremo Tribunal Federal (RISTF), cabem os embargos infringentes da decisão não unânime do Tribunal Pleno 'que julgar representação de inconstitucionalidade' (art. 333, IV).
>
> Admite o Regimento, ainda, o cabimento de embargos de declaração sempre que houver no acórdão 'obscuridade, dúvida, contradição ou omissão que devam ser sanadas' (art. 337, *caput*). O prazo para a interposição é de cinco dias (§ 1º do art. 337 do RISTF).

Podem propor os recursos os mesmos legitimados ativos para a ação.

O Supremo não admite a interposição de recursos de decisão definitiva proferida na ação de controle concentrado por terceiros eventualmente interessados, que se considerem prejudicados.

Reconhece-se, contudo, que não se faz presente, no processo objetivo, a regra processual segundo a qual só tem legitimidade para apresentar recurso o sucumbente. É que o Supremo admite que o Procurador-Geral da República possa interpor recurso, ainda que a ação, por ele proposta, tenha sido julgada procedente. A orientação está de todo alinhada à idéia de processo objetivo e, pois, de não-ocorrência da sucumbência."

Resta, portanto, saber se o disposto no art. 12 deve ser aplicado rigorosamente tal como prescrito — "Art. 12. A decisão que julgar procedente ou improcedente o pedido em argüição de descumprimento de preceito fundamental é irrecorrível, não podendo ser objeto de ação rescisória." — ou se, ao contrário, há de se admitir alguma forma recursal da decisão proferida quando do julgamento da Argüição.

TAVARES (2001: 391) responde que

"Ao menos quanto aos embargos declaratórios, parece prudente que não se os excluam, mesmo porque se pode não saber se o julgamento é de procedência ou de improcedência [imagine-se o paradoxo e a contradição que seria um texto oriundo da mais alta Corte do País e que fosse incompreensível para/aos operadores em geral ou, ainda, por outro lado, que fosse de tamanha complexidade que assim (ininteligível) tornar-se-ia 'aos comuns mortais' (*sic!*) — nota do Autor] devido a uma contradição, dúvida, omissão ou obscuridade insanável pelo intérprete, a demandar a reapreciação dos julgadores. É mais uma questão lógica que jurídica.

Assim, da decisão que negue seguimento aos embargos de declaração, cabível o recurso de agravo, para o Tribunal Pleno, e não o mandado de segurança. É o que se depreende da Lei n. 8.038/90 em seu art. 39. Neste sentido a 'Jurisprudência do STF — mesmo sob a égide da vigente Constituição — firmou-se no sentido de não admitir, por incabível, mandado de segurança contra atos decisórios de índole jurisdicional proferidos pela Suprema Corte, eis que tais decisões, ainda quando emanadas de Ministro-Relator, somente são suscetíveis de desconstituição mediante utilização dos recursos pertinentes, ou, tratando-se de pronunciamentos de mérito já transitados em julgado, mediante ajuizamento originário da ação rescisória' (este trecho citado pelo doutrinador foi extraído do Agravo Regimental em Mandado de Segurança n. 22.626-SP, Rel. Min. Celso de Mello, j. 31 out. 1996).

Já os embargos infringentes parecem ter sido obstaculizados pela regra acima transcrita. Com isso, a Lei encurtou ainda mais o já abreviado processo de controle concentrado de constitucionalidade. Talvez o princípio da celeridade processual não recomende tamanho rigorismo, como pode ocorrer em sede de processo objetivo. De qualquer forma, não se pode negar a vantagem de se ter a questão definida em espaço de tempo consideravelmente curto, sem possibilidade de prolongamento do processo."

Ultrapassada a fase da chamada "irrecorribilidade" prescrita pelo art. 12, da Lei n. 9.882/99, tal como visto até então, passa-se a ater-se ao que diz o mesmo artigo, *in fine*: "... não podendo ser objeto de *ação rescisória*".

De acordo com a lição de GUIMARÃES (1998: 32), na Ação Rescisória

"Pede-se nesta a decretação da nulidade de sentença (acórdão) transitado em julgado e que, em razão disto, se profira novo julgamento. Confunde-se com recurso, mas tem o tratamento de ação no CPC, arts. 485 e ss. A Ação será proposta perante o Presidente do Tribunal, dentro do prazo prescricional de 2 anos a partir do trânsito em julgado, e será julgado em única instância.

(...)

A Constituição Federal (CF/88), nos arts. 102, I, *j* ['Compete ao Supremo Tribunal Federal, precipuamente, a guarda da Constituição, cabendo-lhe: processar e julgar, originariamente: a revisão criminal e a ação rescisória de seus julgados'; vislumbra-se aí, portanto, uma tênue possibilidade de uma inconstitucionalidade do dispositivo em análise (art. 12 da Lei n. 9.882/99), algo que, porém, deixar-se-á para outra pesquisa/oportunidade acadêmica], 105, I, *e* e 108, I, *b*, trata, respectivamente, da competência do STF, do STJ e dos TRF's para processar e julgar, originariamente, as revisões criminais e as *ações rescisórias* (grifos) de seus julgados ou dos juízes federais da região...".

Vale lembrar que o Código de Processo Civil (CPC) prescreve que

"Art. 485. A sentença de mérito, transitada em julgado, pode ser rescindida quando:

I — se verificar que foi dada por prevaricação, concussão ou corrupção do juiz;

II — proferida por juiz impedido ou absolutamente incompetente;

III — resultar de dolo da parte vencedora em detrimento da parte vencida, ou de colusão entre as partes, a fim de fraudar a lei;

IV — ofender a coisa julgada;

V — violar literal disposição de lei;

VI — se fundar em prova, cuja falsidade tenha sido apurada em processo criminal ou seja provada na própria ação rescisória;

VII — depois da sentença, o autor obtiver documento novo, cuja existência ignorava, ou de que não pôde fazer uso, capaz, por si só, de lhe assegurar pronunciamento favorável;

VIII — houver fundamento para invalidar confissão, desistência ou transação, em que se baseou a sentença;

IX — fundada em erro de fato, resultante de atos ou de documento da causa.

§ 1º Há erro, quando a sentença admitir um fato inexistente, ou quando considerar inexistente um fato efetivamente ocorrido.

§ 2º É indispensável, num como noutro caso, que não tenha havido controvérsia, nem pronunciamento judicial sobre o fato."

Segue-se, o instituto da ação rescisória, devidamente disposto no/do art. 486 ao 495 do CPC, não sendo conveniente, por motivos evidentes, prosseguir na sua transcrição.

Não obstante *Alexandre de Moraes* [*In* TAVARES, ROTHENBURG (organiz.): 2001, 36] declarar expressamente que "A decisão que julgar procedente ou improcedente o pedido em argüição de descumprimento de preceito fundamental é irrecorrível, não podendo ser objeto de ação rescisória, nos mesmos termos da ação direta de inconstitucionalidade e da ação declaratória de constitucionalidade", entende-se que o instituto da *ação rescisória* em sede de ADPF deve ser um pouco mais "trabalhado e amadurecido" (*sic!*) não somente pela doutrina, mas, principalmente pela própria jurisprudência egressa da Corte Suprema pátria.

Tal compreensão advém da leitura do que demonstra TAVARES (2001: 392), oportunidade na qual emana a asserção em face

"*8. DA AÇÃO RESCISÓRIA DO JULGAMENTO DA ARGÜIÇÃO*

Entende-se não cabível a ação rescisória no processo objetivo (o autor menciona, 'neste sentido: Reclamação n. 354-0/190-DF, rel. Min. Celso de Mello, j. 16 maio 1991; Ação Rescisória n. 878-SP, rel. Min. Soares Muñoz, j. 19 mar. 1980, *RTJ*, v. 94, p. 49 e ss. No caso específico da argüição, admite a proibição da rescisória: Alexandre de Moraes, *Jurisdição Constitucional e Tribunais Constitucionais*, p. 265'). A Lei da Argüição encampou essa orientação jurisprudencial dispondo que 'Art. 12. A decisão que julgar procedente ou improcedente o pedido em argüição de descumprimento de preceito fundamental é irrecorrível, não podendo ser objeto de ação rescisória'.

Parcela da doutrina considera, contudo, haver em tal proibição, restrição incompatível com o regime da inconstitucionalidade, vale dizer, com o entendimento tradicional de que atos contrários à Constituição podem revestir-se da coisa julgada, tornando-se imunes por invocação desta e, na mesma medida, acabando por prevalecer em relação às normas constitucionais. Essa questão, no entanto, quando se revela e é decidida no próprio Supremo Tribunal, merece ser analisada com reservas, já que se trata do órgão constitucional responsável por emitir a palavra final das discussões acerca da constitucionalidade."

É evidente que a configuração de um entendimento uniforme sobre a plausibilidade de rescisória na ADPF — tal como prescreve o artigo em destaque — demorará um pouco mais do que o normal, tão-somente pelo fato de não ter tido, ainda, qualquer decisão definitiva de mérito em face do controle concentrado em estudo, ao contrário, quase que todas as Argüições interpostas perante o STF não têm nem passado pelo juízo de admissibilidade, que dirá virem a ser julgadas em/no seu mérito.

Relevante a memória de que, ainda nos dias de hoje (2º semestre de 2004) o próprio julgamento da constitucionalidade da Lei n. 9.882/99 (e da Lei n. 9.868/99) não foi finalizado, restando, portanto, a sempre presente *discussão* quando o assunto é de Direito.

Tenha-se presente que é o que se tem, "*indiscutivelmente*", por ora.

6.12. Análise do art. 13. da Lei n. 9.882/99

"**Art. 13.** Caberá reclamação contra o descumprimento da decisão proferida pelo Supremo Tribunal Federal, na forma de seu Regimento Interno."

Informativo STF n. 101 — março de 1998:

"*Efeitos vinculantes e reclamação:* 'cabe advertir, por necessário, que o eventual descumprimento, por juízes ou tribunais, da decisão plenária do STF, especialmente quando proferida com efeitos vinculantes (CF, art. 102, § 2º), justificará a utilização do *instrumento constitucional da reclamação*, mesmo tratando-se de julgamento referente a pedido de medida cautelar em sede de ação declaratória de constitucionalidade. (...) Não se pode ignorar, neste ponto, que *uma das funções processuais da reclamação* consiste, precisamente, *em garantir a autoridade das decisões proferidas pelo STF*, consoante tem sido enfatizado pela jurisprudência desta Corte' (STF — Petição n. 1.042/MS — medida liminar — Rel. Ministro Celso de Mello — Presidente)" (grifos).

Logo, a princípio, afere-se que "o instrumento constitucional da *reclamação* tem uma função processual — dentre outras — que consiste em garantir a autoridade das decisões proferidas pelo STF".

É de bom alvitre rememorar que o art. 102, I, *l*, da Constituição Federal determina que "Compete ao Supremo Tribunal Federal, precipuamente, a guarda da Constituição, cabendo-lhe: processar e julgar, originariamente: *a reclamação para a preservação de sua competência e garantia da autoridades de suas decisões*" (grifos).

Constata-se que o art. 13 da Lei em comento encontra, sem embargo, guarida por demais evidente no seio do próprio Texto Máximo. Poder-se-ia "desdizer" (*sic!*) a Redação Legal, tendo-se por argumentação de que trata-se de uma mera redundância. Neste aspecto, não se cogita sequer em levar adiante tal assertiva, em face da inequívoca constatação de que o Legislador quis, na verdade, evitar que o Operador/Intérprete tenha que utilizar-se de uma interpretação sistemática — conforme ensina BASTOS (2002: 61) — mais apurada, vale dizer, a Lei claramente "facilita" o entendimento de seu próprio mecanismo institucional.

Estabeleceu-se na Lei n. 8.038 de 28 de maio de 1990 (trata-se da Lei que institui normas procedimentais para os processos que especifica, perante o Superior Tribunal de Justiça e o Supremo Tribunal Federal), especificamente no TÍTULO I — PROCESSOS de COMPETÊNCIA ORIGINÁRIA —, em seu CAPÍTULO II, a chamada *RECLAMAÇÃO*, assim expresso:

"TÍTULO I
PROCESSOS DE COMPETÊNCIA ORIGINÁRIA

(...)

CAPÍTULO II
RECLAMAÇÃO

Art. 13. Para preservar a competência da Tribunal ou garantir a autoridade das suas decisões, caberá reclamação da parte interessada ou do Ministério Público.

Parágrafo único. A reclamação, dirigida ao Presidente do Tribunal, instruída com prova documental, será autuada e distribuída ao relator de causa principal, sempre que possível.

Art. 14. Ao despachar a reclamação, o relator:

I — requisitará informações da autoridade a quem for imputada a prática do ato impugnado, que as prestará no prazo de 10 (dez) dias;

II — ordenará, se necessário, para evitar dano irreparável, a suspensão do processo ou do ato impugnado.

Art. 15. Qualquer interessado poderá impugnar o pedido do reclamante.

Art. 16. O Ministério Público, nas reclamações que não houver formulado, terá vista do processo, por 5 (cinco) dias, após o decurso do prazo para informações.

Art. 17. Julgando procedente a reclamação, o Tribunal cassará a decisão exorbitante de seu julgado ou determinará medida adequada à preservação de sua competência.

Art. 18. O Presidente determinará o imediato cumprimento da decisão, lavrando-se o acórdão posteriormente."

No entanto, como a parte final do art. 13, da Lei n. 9.882/99 prescreve que a *reclamação* contra o descumprimento da decisão proferida pelo Supremo Tribunal Federal é cabível na forma do seu *Regimento Interno*, é lógico afirmar que a reclamação contida na Lei n. 8.038/90 tão-somente servirá como um suporte ["um *'plus'* a mais" (*sic!*)] e/ou atuará de forma subsidiária.

Acha-se posto e inserido, pois, no referido Regimento Interno do STF um capítulo individualizado a respeito da *reclamação* em evidência no art. 13 da LA, *in fine*, assim demonstrado:

"REGIMENTO INTERNO
DO SUPREMO TRIBUNAL FEDERAL (RISTF)
DISPOSIÇÃO INICIAL

Art. 1º Este Regimento estabelece a composição e a competência dos órgãos do Supremo Tribunal Federal, regula o processo e o julgamento dos feitos que lhe são atribuídos pela Constituição da República e a disciplina dos seus serviços.

(...)

TÍTULO V
DOS PROCESSOS SOBRE COMPETÊNCIA

CAPÍTULO I
DA RECLAMAÇÃO

Art. 156. Caberá reclamação do Procurador-Geral da República, ou do interessado na causa, para preservar a competência do Tribunal ou garantir a autoridade de suas decisões.

Parágrafo único. A reclamação será instruída com prova documental (nota-se que a redação deste dispositivo é semelhante ao art. 13, da Lei n. 8.038/90 — logo atrás transcrito —, havendo apenas pequenas 'inversões' na ordem das prescrições).

Art. 157. O relator requisitará informações da autoridade, a quem for imputada a prática do ato impugnado, que as prestará no prazo de cinco dias (atente-se e compare-se que o prazo de 10 dias do art. 14, I, da Lei n. 8.038/90 é reduzido, aqui no art. 157, para apenas 5 dias).

Art. 158. O Relator poderá determinar a suspensão do curso do processo em que se tenha verificado o ato reclamado, ou a remessa dos respectivos autos ao Tribunal (este artigo diferencia-se do art. 14, II da Lei n. 8.038/90 no sentido de que neste não há a previsão da remessa dos autos ao STF, enquanto que no art. 158 do RISTF está prevista tal possibilidade, isto é, neste, está expresso categoricamente a viabilidade do STF 'avocar' a remessa para si dos autos do processo em questão).

Art. 159. Qualquer interessado poderá impugnar o pedido do reclamante (texto exatamente igual ao do art. 15, da Lei n. 8.038/90).

Art. 160. Decorrido o prazo para informações, dar-se-á vista ao Procurador-Geral, quando a reclamação não tenha sido por ele formulada (neste, a vista é exclusiva do Procurador-Geral e não há um prazo expressamente estipulado, ao passo que no art. 16, da Lei n. 8.038/90 a apreciação do processo é facultada ao Ministério Público e o prazo é, categoricamente, consignado em 5 dias).

Art. 161. Julgando procedente a reclamação, o Plenário poderá:

I — avocar o conhecimento do processo em que se verifique usurpação de sua competência;

II — ordenar que lhe sejam remetidos, com urgência, os autos do recurso para ele interposto;

III — cassar decisão exorbitante de seu julgado, ou determinar medida adequada à observância de sua jurisdição (o art. 161, III, de '*per si*', é análogo ao art. 17, da Lei n. 8.038/90, considerando-se, por conseguinte, que os Incisos I e II, do art. 161, do RISTF são possibilidades de atuação do STF além (a mais) do que aquelas previstas no já citado art. 17, da Lei n. 8038/90).

Art. 162. O Presidente determinará o imediato cumprimento da decisão, lavrando-se o acórdão posteriormente (redação exatamente idêntica à do texto do art. 18 do Diploma Legal exaustivamente mencionado neste breve 'quadro' comparativo)."

Vale ressaltar que *Regimento* (Regimento é o gênero, do qual o RISTF pode ser considerado como uma espécie), pautado na lição de GUIMARÃES (1998: 473), é sinônimo de "*normas agrupadas que disciplinam o serviço interno de tribunais*, assembléias legislativas, corporações, fundações, instituições civis" (grifos).

DE PLÁCIDO E SILVA (2002: 691) ensina que *Regimento* é

"Do latim *regimentum* (direção, regime, governamentação) e é, juridicamente, tomado na acepção de *ordenação* ou conjunto de regras que se dispõem como regime de alguma coisa, notadamente sobre o desempenho de cargos ou ofícios. O regimento, assim, insere as *normas de conduta* ou estabelece a *forma de ação e direção*, instituídas para a boa ordem ou governo das coisas.

Traz, por vezes, o mesmo sentido de *regulamento*, onde, também, se prescrevem as normas de conduta ou de realização de misteres, afetos às instituições ou às pessoas. Desse modo, o regimento refere-se propriamente à forma ou ao procedimento, dispondo, muitas vezes, sobre a aplicação da própria lei."

O mesmo DE PLÁCIDO E SILVA (2002: 691) complementa o ensinamento acerca do tema dizendo que o "*Regimento Interno* designa o Código que regula o funcionamento e o serviço interno das Câmaras Legislativas, *dos Tribunais* (grifos), dos órgãos da administração pública, e excepcionalmente, até das instituições ou organizações particulares".

BRUNO NETO (1999:380) traz à lume a assertiva de que "*Regimento Interno* é o ato administrativo que disciplina o funcionamento de órgãos colegiados. Tendo a natureza de ato regulamentar interno, só alcança aqueles que executam uma atividade funcional regimentada, não abrangendo os particulares em geral. Artigos da CF/88: 51, Inciso III [Compete privativamente à Câmara dos Deputados: (...); elaborar seu regimento interno]; 52, Inciso XII [Compete privativamente ao Senado Federal: (...); elaborar seu regimento interno]; e *96, I, a* [*Compete privativamente: aos tribunais: ... elaborar seus regimentos internos,...* (grifos)].

Por fim, mister se faz uma rápida e simples abordagem a respeito da própria *Reclamação* que é cabível contra o descumprimento da decisão proferida pelo Supremo Tribunal Federal (na forma do seu Regimento Interno).

Logo, conforme GUIMARÃES (1998: 468), a "*Reclamação* é o requerimento ao STF (ou ao STJ) para que determine medidas que preservem a sua competência ou autoridade de suas decisões, quando órgão judiciário inferior julgue questão já decidida por eles ou determine medida contrária à execução na forma decidida pelos tribunais superiores".

Restou nítido e patente, pois, que havendo qualquer descumprimento à decisão prolatada pelo Pretório Excelso em sede de "Argüição de Descumprimento de Preceito Fundamental" a reclamação a ser interposta perante o Tribunal em evidência deve ser aquela — já antecipando, talvez, a conclusão sobre este assunto — regulamentada e "regimentada" (*sic!*) pelo Regimento Interno do Supremo Tribunal Federal.

6.13. Análise do art. 14 da Lei n. 9.882/99

"**Art. 14.** Esta Lei entra em vigor na data de sua publicação."

A Lei de Introdução ao Código Civil (LICC) foi devidamente *recepcionada* pelo Permissivo Constitucional instituído em 5 de outubro de 1988, visto que ela fora inserida no ordenamento jurídico brasileiro em 1942 por intermédio do Decreto-Lei n. 4.657, de 4 de setembro do referido ano. Logo, quarenta e seis anos antes da promulgação da Constituição Federal da República Federativa do Brasil de 1988: só mesmo o instituto da *recepção* para manter a LICC em vigor!

A LICC é a chamada "sobrenorma que se aplica a todas as outras normas legais" (Direito Privado, Fundamentos de. UNISA: apontamentos, 1998) e, segundo GUIMARÃES (1998: 389), "tem caráter abrangente, porque suas regras se aplicam a todas as leis, a menos que haja outro preceito expresso; engloba normas aplicáveis não só no campo civil, mas ao Direito Privado e ao Direito Público, e também inova em vários campos da aplicação do Direito, como o princípio da lei domiciliar como reguladora da capacidade civil, direitos de família, relações entre cônjuges e sucessão legítima ou testamentária", dentre outras disposições.

Dentre estas outras prescrições, estão as contidas no art. 1º (da LICC), *caput*, qual seja, "Salvo disposição contrária, a lei começa a vigorar em todo o País 45 (quarenta e cinco dias) depois de oficialmente publicada"; e no art. 2º, *caput*, isto é, "Não se destinando à vigência temporária, a lei terá vigor até que outra a modifique ou revogue". Ora, tanto neste como naquele caso as determinações da LICC estão sendo fielmente cumpridas pelo art. 14, da Lei n. 9.882/99. Aplica-se à situação o "Salvo disposição contrária,..." do *caput*, do art. 1º da Lei, em face ao expresso comando de que (art. 14). "Esta Lei entra em vigor na data de sua publicação", publicação esta que ocorreu, realmente, no dia 6 de dezembro de 1999 e não no dia 3 de dezembro de 1999 como está indicado logo à frente. E como não há nenhum enunciado determinando vigência temporária, logo, ela, a LA vigorará até que outra a 'modifique ou revogue'.

Data venia, o texto do art. 8º ["A vigência da lei será indicada de forma expressa e de modo a contemplar prazo razoável para que dela se tenha amplo conhecimento, *reservada a cláusula 'entra em vigor na data de sua publicação' para as leis de pequena repercussão*" (grifos)] da Lei Complementar n. 95, de 26 de fevereiro de 1998 (LC 95/98). (Dispõe sobre a elaboração, a redação, a alteração e a consolidação das leis, conforme determina o parágrafo único do art. 59 da Constituição Federal — O processo Legislativo compreende a elaboração de: I — emendas à Constituição; II — leis complementares; III — leis ordinárias; IV — leis delegadas; V — medidas provisórias; VI — decretos legislativos; VII — resoluções. *Parágrafo único. Lei Complementar disporá sobre a elaboração, redação, alteração e consolidação das leis, — e estabelece normas para a consolidação dos atos normativos que menciona*) não deve ser levado em conta no que concerne a esta Lei.

Se fosse subsumido tal como prescreve o aludido art. 8º, da LC n. 95/98, a Lei n. 9.882/99 teria "pequena *repercussão* ", algo que, como visto peremptoriamente no decorrer desta obra, realmente não ocorreu, ao contrário. Tomando-se a palavra (repercutir) em todos os sentidos possíveis é notória e é "muito grande a *repercussão*" (a repetição da palavra é proposital).

Ademais, aceitar passivamente a indicação do art. 8º, da LC n. 95/98 — e transcrita no bojo da própria Lei n. 9.882/99, em seu art. 14 — seria desdenhar e desprezar o próprio esforço, o imenso trabalho e a enorme energia empregados e desprendidos na consecução desta obra, a qual ora finaliza-se e encaminha-se para a(s) conclusão(ões).

III — CONCLUSÃO

A finalização deste livro, com a conseqüente redação deste remate, teve uma feliz coincidência, qual seja, ocorreu justamente nos dias (antes e depois) próximos ao "aniversário" de quatorze anos de vigência da Constituição Federal do Brasil de 1988 (CF/88) — 5 de outubro de 2002 —, bem como, recaiu no período eleitoral: 6 de outubro de 2002, domingo, data na qual elegeu-se para o "Mandato 2003/2006" os membros que comporão o Senado (dois terços da Casa), que constituirão a Câmara dos Deputados (total da Casa) e que farão parte de todas as Assembléias Legislativas (total dos componentes das Casas) dos vinte e sete Estados (vinte seis Estados mais o Distrito Federal, doravante, apenas vinte e sete Estados) da Federação.

Do mesmo modo, também foi imediato ao dia (o mesmo dia 6.10.2002) em que votou-se em primeiro turno para Presidente da República Federativa do Brasil e para Governadores dos vinte e sete Estados da União, conforme termos, respectivamente, dos arts. 77, *caput* e 28, *caput*, ambos da CF/88. É de enorme valia lembrar e ressaltar que no momento em que efetua-se esta arrematação não se sabe se haverá ou não segundo turno, nem seria de bom alvitre exercitar a função de informativo eleitoral e/ou fazer as vezes de um compêndio de resultados de pleitos políticos, em vista aos objetivos desta obra.

O que importa e tem relevância, por ora, é enaltecer a chamada — como costumam dizer os comunicadores (e alguns políticos) — "Festa da Democracia", a qual estriba-se sobremaneira na "nossa querida Carta Magna", tratamento este o mais carinhoso possível; e longe de ser jocoso e/ou irônico.

A CF/88 é o principal instrumento de formatação de todo o Estado, de regulação da Sociedade e de implemento da Democracia do/no Brasil — vale afirmar, do próprio Estado de Direito — (dentre outros aspectos) e é considerada pelos doutrinadores como uma *Constituição Rígida*, o que quer dizer que qualquer alteração de/em seu texto haverá de ter um processo muito mais gravoso que o exigido para os outros tipos de elementos normativos, especialmente aqueles elencados no art. 59 da Lei Suprema. Significa, do mesmo modo, que toda e qualquer prescrição em nível infraconstitucional (e também no patamar constitucional, *v.g.*, as emendas à Constituição) deverá ser, necessária e obrigatoriamente, compatível com o que determinam as normas inseridas na Redação Constitucional. Desta última assertiva sobressai-se o denominado *controle de constitucionalidade de Leis, atos normativos, etc.*

Sendo assim, torna-se patente, logo no início da obra (em sentido lato, *i. e.*, da própria leitura da doutrina e da jurisprudência sobre constitucionalismo), que há uma inolvidável intersecção entre as referidas *Constituições Rígidas* — o Brasil, por adotar uma Constituição Rígida, é um exemplo desta espécie de Estado — *e o denominado controle de constitucionalidade de leis, atos normativos, etc.* Um Estado não pode consignar e asseverar que tem uma Constituição Rígida se não existir e não houver um rigoroso, adequado e eficiente controle de constitucionalidade, quer seja concentrado/objetivo, quer seja difuso/incidental.

Destarte, o livro disserta sobre uma nova modalidade de controle de constitucionalidade pátrio em sede de jurisdição constitucional, algo que (o sistema constitucional e o controle) vai *ao* encontro — a favor, portanto — da tradição brasileira da rigidez e da supremacia da Carta Magna em face de todos os outros Diplomas Legais; e que faz com que o próprio controle de constitucionalidade aventado ganhe contornos proeminentes e relevantes. *"A argüição de descumprimento de preceito fundamental, decorrente desta Constituição, será apreciada pelo Supremo Tribunal Federal, na forma da lei"* é o objeto precípuo deste estudo e é a nova forma de *controle de constitucionalidade concentrado/objetivo* a que se fizera alusão linhas atrás.

Sem embargo, passa-se a apresentar as considerações mais importantes encontradas sobre cada um dos *Itens/subitens* devidamente estudados e identificados no texto. Tenta-se — em vista à complexidade do assunto e em face da incipiência e das limitações próprias do Autor é isso mesmo, *tenta-se* —, também, expor e elucidar, resumidamente, as contendas sobressalentes deste livro e inferir uma posição nesta ou naquela direção a respeito das divergências trazidas à baila pela via da redação do estudo, em justaposição aos objetivos específicos. Desse modo, daqui em diante, neste texto conclusivo, há uma espécie de "remissão formal, material e cronológica" (*sic!*) a cada segmento desta dissertação (esta em sentido lato), o que quer dizer que destinar-se-á reflexões e ponderações concludentes a cada um dos *itens/subitens* auferidos no decorrer desta obra.

À evidência tem-se, pois, que os "objetivos Gerais e Específicos persecutidos por esta pesquisa" — somados e em perfeita consonância e sintonia com todos os itens que compõem a Introdução deste trabalho — foram, de uma forma ou de outra, atingidos.

A *"Argüição"* é um termo (um substantivo) que significa uma *alegação, uma argumentação e um exame com questionamentos e/ou interrogações.* A *"Argüição"*, portanto, representa uma *Ação Judicial* que visa evitar e/ou reparar lesões a preceitos fundamentais decorrentes da Constituição, quando qualquer ato do Poder Público descumprir as ordens basilares da Carta Magna. Noutras palavras, a *"Argüição"* é uma *ação judicial objetiva cabível* quando existir a possibilidade (ou já tiver efetivado-se) da ocorrência de um descumprimento a algum mandamento constitucional (ou da CF/88 advindo) que se tenha como preceito fundamental.

Tenha-se presente que a natureza jurídica da *"Argüição"* enquadra-se perfeitamente na categoria das ações judiciais, ou seja, é uma medida de cunho judicial que promove o controle concentrado/objetivo da constitucionalidade das leis e atos normativos e não normativos, desde que emanados do Poder Público e "descumpridores" de preceitos fundamentais. A propositura da *"Argüição"*, como ação judicial em sede de controle concentrado/objetivo somente poderá ser intentada pelos legitimados do art. 103, I a IX, da CF/88, quais sejam, I — o Presidente da República; II — a Mesa do Senado Federal; III — a Mesa da Câmara dos Deputados; IV — a Mesa de Assembléia Legislativa; V — o Governador de Estado; VI — o Procurador-Geral da República; VII — o Conselho Federal da Ordem dos Advogados do Brasil; VIII — partido político com representação no Congresso Nacional; IX — confederação sindical ou entidade de classe de âmbito nacional. Os representantes dos Incisos IV, V e IX devem, contudo, "manter o respeito à chamada 'pertinência temática' ".

Põe-se termo ao assunto sobre a *"Argüição"*, vista e entendida como uma *ação judicial*, asseverando-se que trata-se de uma *espécie de controle de constitucionalidade concentrado/objetivo*, oriunda dos gêneros "*Direito de Petição*" e "*Direito de Ação*" e que é um auxílio deveras expressivo na manutenção da *Supremacia da Constituição* e na conservação da *Rigidez constitucional.*

Antes de adentrar-se no aspecto do *"descumprimento"* propriamente dito, deve-se trazer definitivamente à tona que a "Argüição de Descumprimento de Preceito Fundamental" (a ADPF) é a quinta forma/modalidade de controle concentrado/objetivo repressivo de constitucionalidade de lei, ato normativo e/ou ato não normativo emanado do Poder Público. Vale rememorar que todas as cinco (e outras medidas judiciais com efeitos *inter partes*) visam, precipuamente, *manter a Supremacia da Constituição sobre todo o ordenamento jurídico, sustentar a chamada Rigidez Constitucional e promover a proteção dos direitos fundamentais* [sem exclusão dos interesses dos particulares: em sentido estrito, mesmo, *i. é.*, o próprio interesse da(s) pessoa(s) privada(s)].

Se no Brasil são cinco maneiras de controlar-se concentrada/objetivamente a constitucionalidade de leis, atos normativos, etc., e a ADPF é uma delas, então as outras quatro não devem ser omitidas e, por conseguinte, nesta conclusão devem estar expressas. Por não serem os objetos determinantes nesta obra, resta-se apenas a citação do *nomen juris* das quatro remanescentes, mesmo porque, alguns aspectos relevantes sobre cada uma delas estão devidamente delineados no *Item 2*.

A "Ação Direta de Inconstitucionalidade" (ADIn), a "Ação Direta de Inconstitucionalidade por Omissão" (ADInO), a "Ação Direta Interventiva" (ADInt) e a "Ação Declaratória de Constitucionalidade" (ADECon) formam, juntamente com a ADPF, o "quinteto" de Ações Judiciais Concentradas/Objetivas que podem(rão) ser interpostas pelos legitimados perante o Supremo Tribunal Federal (STF), justamente, *com o intuito de manter a Supremacia da Constituição sobre todo o ordenamento jurídico, sustentar a chamada Rigidez Constitucional e promover a proteção dos direitos fundamentais* (sem exclusão dos interesses dos particulares/privados, reitera-se).

Logo, mesmo sabendo-se que a ADPF é o instituto que interessa e é o mecanismo preponderante a esta/nesta pesquisa, restou claro que o conhecimento de alguns elementos básicos acerca dos outros modelos de controle de constitucionalidade concentrado/objetivo repressivo — a ADIn, a ADInO, a ADInt e a ADECon —, é uma assistência profícua e eficaz ao entendimento da própria "Argüição", razão pela qual fez-se questão de inserir tais considerações sobre as "quatro modalidades excedentes" no bojo do *Item 2* do desenvolvimento.

Na esteira da "Argüição" segue-se o *"descumprimento"*, visto agora em seu sentido estrito. Verificou-se que o "descumprimento", para fins de "argüição", está diretamente ligado aos preceitos fundamentais e ultrapassa o âmbito da inconstitucionalidade (inconstitucionalidade esta que pode ensejar a interposição de uma das outras quatro modalidades logo atrás citadas) e/ou da contrariedade, vale dizer, contradição esta que proporciona um Recurso Extraordinário (*inter partes*). Dessa forma, tem-se que o descumprimento pode "açambarcar" até mesmo fatos do mundo concreto contrários à realidade constitucional, no que concerne aos seus preceitos fundamentais.

Em outros termos, significa expressar que admite-se que o "*descumprimento*" pode ocorrer quando afrontam-se preceitos fundamentais da Constituição por meio de lei, de ato normativo, *de uma decisão judicial, de ato administrativo e até mesmo de ato material/concreto.*

Conclui-se que o cumprimento, na técnica jurídica, significa a satisfação e a execução completa de alguma coisa, o que remete à constatação de que o "descumprimento" é, logicamente, o não-cumprimento, a falta de cumprimento ou, ainda, o inadimplemento. Ao justapor-se este conceito de "*descumprimento*" à expressão "preceito fundamental" aferiu-se que toda vez que houver uma incompatibilidade e uma desconformidade entre atos (normativos ou não) do Poder Público e preceitos fundamentais, a ADPF tem vez e cabimento, vista, efetivamente, como uma *ação judicial* com caráter de controle concentrado/objetivo preventivo/repressivo de constitucionalidade de leis, de ato normativos, de atos administrativos e, até mesmo, de atos concretos.

O *"descumprimento"* pressupõe, portanto, uma obrigação implícita — e um conceito relacional — e não uma simples sugestão. Esta não pode ser descumprida; o que pode ser descumprido(a) é uma ordem e não uma mera indicação! Descumprir, portanto e em face do já citado conceito relacional, é não-cumprir e significa exatamente desobedecer, desviando-se do que está prescrito como preceito fundamental. Descumprem-se preceitos fundamentais quando revelar-se a existência de atos ou fatos desconformes com estas determinações essenciais.

O *"descumprimento"* tanto pode ocorrer por *ação ou por omissão*. Esta é o não-cumprimento de imposições constitucionais permanentes, concretas e fundamentais, enquanto que aquela é a realização contraditória daquilo que é, básica e insubstituivelmente, desejado pela Constituição. Pode ser um descumprimento *originário ou superveniente*, *i. e.*, a noção de "descumprir" não indica que só se pode "ferir" aquilo que existe, mas, que, independentemente do tempo em que ocorreu — antes do advento da CF/88 — tal ato pode ser considerado como descumpridor dos preceitos fundamentais e considerados como lesivos a estes.

Descumpre-se "*diretamente ou indiretamente*" a CF/88, na medida em que (de modo direto) descumprir-se preceito fundamental peremptoriamente expresso no Texto Supremo e/ou (de maneira indireta) descumprir-se algum preceito fundamental não incrustado na Redação Constitucional, mas que seja decorrente dela, da Constituição Federal.

Quanto ao descumprimento *formal ou material*, conferiu-se que naquele (formal) o descumprimento existirá sempre que violarem-se regras procedimentais que constituam preceitos fundamentais — como por exemplo, *regras do devido processo legal* —, enquanto que neste (descumprimento material), ocorrerá se, por exemplo, um presidiário for morto sem que o "matador" (*sic!*) tenha agido em evidente e indiscutível legítima defesa (trata-se de uma forma delicada de dizer-se uma *execução*): o "ataque" seria ao mais sagrado dos preceitos fundamentais, qual seja, a vida.

Finalizando a enumeração conclusiva das *formas de descumprimento* de preceito fundamental trazidas à lume nesta dissertação final, tem-se o *descumprimento total ou parcial*, ou seja, é admissível que um ato material beneficie apenas alguns indivíduos, quando deveria beneficiar a todos, e isto torna tal ato *parcialmente* descumpridor da Constituição. O *descumprimento total* significa que todos os atos estatais são sindicáveis pela ADPF, *os atos materiais*, inclusive.

A propositura da "Argüição" somente se procede quando as lesões advirem/resultarem de *atos do Poder Público*, ou melhor, a ADPF é admitida em vista ao *descumprimento de preceito fundamental*, desde que a(s) infração(ões) seja(m) oriunda(s) de um (ou de uns) *ato(s) do(s) Poder(es) Público(s)*. Restou claro, também, que a chance do particular argüir uma ADPF é remota, "sobrando" a ele — sabedor e/ou "sofredor/vítima" (*sic!*) de algum descumprimento de preceito fundamental — a possibilidade de *representar* ao Procurador-Geral da República, (e "torcer/ficar na torcida") a fim de que este aceite a "sugestão" e interponha-a em nome daquele que representou (ou mesmo em seu próprio nome, já que é um legitimado nato), ou, ainda, pedir (rogar/suplicar) para que qualquer dos outros legitimados — todos os que estão elencados nos incisos I a IX, do art. 103, da CF/88 — o faça representando este(s) particular(es).

Claro está, portanto, que o uso da ADPF somente é plausível quando atos do Poder Público forem os "violadores" e forem os responsáveis pela "afronta" ao descumprir preceitos fundamentais pela via da ação ou da omissão de órgãos do Poder.

A partir do instante em que a Carta Magna declara categoricamente que há *preceitos fundamentais*, é factível o asserto em face da existência de preceitos não-fundamentais. Ora, se *preceito* significa uma regra de proceder, uma norma, um ensinamento, uma doutrina, uma ordem, uma determinação, uma prescrição e *fundamental* quer dizer que é básico, essencial, necessário e que alicerça, é lógico afirmar que *preceito fundamental* é sinônimo de norma/regra elementar. Logo, há de se considerar fundamental o preceito quando o mesmo apresentar-se como imprescindível, basilar ou inafastável para o bem comum da Sociedade, do Estado e da Democracia do Brasil, dentre outros(as).

Aferiu-se, da mesma forma, que os preceitos fundamentais — não obstante já estar nítido — são as normas fundamentais e que estas, por sua vez, subdividem-se em duas espécies, quais sejam, as regras essenciais e os princípios basilares da ordem jurídica do país. Por conseguinte, o preceito fundamental engloba tanto os princípios, quanto as regras. Estas obedecem a lógica da prescrição, da determinação de condutas em sentido estrito, da formatação de órgãos, enfim, são as ordens e os mandamentos propriamente ditos, emanados objetivamente e destinados a toda a sociedade brasileira, quer no seu âmbito privado, quer no que se refere à esfera pública; aqueles, por sua vez, são as afirmações responsáveis por conferir unidade ao sistema jurídico, visto que, além de (os princípios) terem a faculdade de produzir efeitos por si só, seus comandos "como que espalham-se" (*sic!*) implícita ou explicitamente no seio das próprias regras jurídicas logo atrás trazidas à cena, vale dizer, no Direito Constitucional os preceitos fundamentais são as normas essenciais de grande densidade e que dividem-se em princípios fundamentais e em regras fundamentais.

Corrobora-se, mesmo que com redundância, que *preceitos e princípios* não se confundem, bem como, as expressões *regras e princípios* adquirem cada qual conotações díspares, uma em face do outro. *Repete-se: os preceitos fundamentais são encontrados nas normas fundamentais, as quais, como gênero, subdividem-se em duas espécies, quais sejam, as regras e os princípios, os quais passam a ser também, pois, fundamentais.*

Não abstém-se, pois, de arrolar os principais preceitos elementares enumerados pela doutrina, não sem antes relembrar que nem a Constituição (esta, na verdade, o fez em algumas situações, como é o caso das "cláusulas pétreas") e nem a Lei da Argüição (LA) o fizeram, no que, entende-se, agiram corretamente os Legisladores Constitucional e Ordinário, este, principalmente. Tal identificação caberá, precipuamente, ao Supremo Tribunal Federal, verdadeiro guardião da Constituição e o intérprete máximo por excelência.

No entanto, estudando a doutrina (em termos jurisprudenciais, ainda — no segundo semestre de 2002 —, não há nada declarado neste sentido), asseverou-se que há um "denominador comum", isto é, quase todos os doutrinadores/autores trouxeram à luz mais ou menos as mesmas indicações do que consideram preceitos constitucionais fundamentais na Carta Magna inseridos e/ou desta/dela decorrentes.

Sendo assim, pode-se atribuir a qualidade de preceitos fundamentais da ordem constitucional aos direitos e garantias individuais (art. 5º, entre outros). Da mesma forma, não se poderá deixar de atribuir essa qualificação aos demais princípios protegidos pela cláusula pétrea do art. 60, § 4º, da Constituição: princípio federativo, a separação dos poderes, o voto direto, universal e secreto.

Com base nas obras pesquisadas, concluiu-se que o Texto Constitucional consagra como princípios (preceitos) fundamentais: a forma federativa do Estado; o voto direto, secreto, universal e periódico; a separação dos poderes; os direitos e garantias individuais, vedando a deliberação de proposta de emenda tendente a abolir qualquer um desses princípios (art. 60, § 4º), vigas-mestras do Estado democrático brasileiro. Deles defluem, naturalmente, outros princípios (preceitos), também fundamentais, à medida que asseguram a estabilidade da ordem jurídica nacional, como, por exemplo: a soberania, a cidadania, a dignidade da pessoa humana, os valores sociais do trabalho, a livre iniciativa, o pluralismo político, a distribuição de competências entre a União, os Estados, o Distrito Federal e os Municípios, as garantias da ordem econômica e financeira, a proteção à criança, à velhice, aos menos afortunados.

O art. 1º da CF/88 refere-se ao princípio republicano, ao democrático, ao princípio do Estado de Direito, à soberania (não só do Estado, como a individual/da própria pessoa), à cidadania, à dignidade da pessoa humana, ao direito ao trabalho, à livre iniciativa, ao pluralismo político e à soberania popular. O art. 2º trata da separação funcional e orgânica dos poderes e estabelece como princípio geral do Estado a existência de três poderes, independentes, mas harmônicos entre si, o Executivo, o Legislativo e o Judiciário. O art. 3º contempla os objetivos fundamentais de uma sociedade livre justa e solidária, o desenvolvimento nacional, etc. E o art. 4º elenca princípios relevantes quanto à convivência internacional, destacando-se, dentre todos os dez (incisos e o parágrafo único), *a prevalência dos Direitos Humanos.*

Desta forma, tem-se que os Direitos Humanos fundamentais devem ser considerados preceitos fundamentais no contexto do sistema constitucional brasileiro e são verdadeiros princípios e regras fundamentais consubstanciados na CF/88, no art. 5º e em seus setenta e sete incisos. Estes são delineados como os direitos individuais e coletivos fundamentais, que somados aos direitos sociais (art. 6º, da Carta), aos direitos da nacionalidade (art. 12, do Texto), aos direitos políticos e à existência, organização e participação de partidos políticos (art. 14 ao 17 da CF/88), às cláusulas pétreas do art. 60, § 4º, da Constituição e ao princípio da igualdade e da anterioridade tributária (art. 150, II e III, da Lei Suprema), formam o rol mais expressivo de preceitos fundamentais incrustados e/ou decorrentes da Constituição, obviamente outros assim considerados e não identificados taxativamente.

Finaliza-se, pois, a conclusão sobre o assunto "preceitos fundamentais", asseverando-se que, a propósito da ADPF, não se trata de fiscalizar a lesão a qualquer dispositivo da CF/88, mas tão-somente aos grandes e basilares princípios e regras da Lei Suprema (ou dela decorrente), todos, de uma maneira ou de outra elencados logo atrás, sem excluir outros que, porventura, o Supremo Tribunal Federal, o STF, entender que como tal deve ser.

Aliás, sobre o STF também há ponderações finais a serem expedidas, visto que a ADPF "será apreciada pelo *Supremo Tribunal Fede-*

ral...". O STF foi criado e organizado pelo Decreto n. 848, de 11 de outubro de 1890 (percebe-se mais uma coincidência a que se referira no parágrafo inicial desta conclusão), a sua primeira sessão ocorreu em 28 de fevereiro de 1891, com quinze Ministros, no Rio de Janeiro e sua existência foi ratificada no art. 55, da 1ª Constituição Republicana, qual seja, a promulgada em 24 de fevereiro de 1891. O controle difuso de constitucionalidade efetuado pelo STF em última instância instalou-se efetivamente no Brasil três anos depois, com a Lei Federal n. 221 de 1894. Posteriormente, em 1934, aliou-se a este controle difuso o controle concentrado/objetivo pela via da Ação Direta Interventiva, mantida até hoje pela CF/88, em seus arts. 34, 35 e 36.

O controle concentrado/objetivo evidenciou-se e firmou posição definitivamente no Brasil com a Emenda Constitucional n. 16, de 6 de dezembro 1965, com a introdução da conhecidíssima Ação Direta de Inconstitucionalidade (a ADIn), a qual, também, teve sustentada a sua vigência pela CF/88. Esta, por sua vez, ampliou ainda mais a jurisdição constitucional do STF e "alavancou" a possibilidade de haver uma "'Argüição de descumprimento de Preceito Fundamental' que será apreciada pelo próprio Supremo Tribunal Federal", tal como prescreve o § 1º, art. 102, da Constituição Federal..

Como órgão julgador, o STF compõe-se de 11 membros (art. 101 da CF/88), divididos em duas Turmas que encontram-se no mesmo plano hierárquico, com cinco membros cada uma, uma vez que o Presidente apenas participa das sessões plenárias. Ademais, a sua organização e seu funcionamento devem ser regulamentados pelo seu *Regimento Interno* — conforme foi demonstrado no *item 6.12*, desta obra, quando da análise do art. 13 da Lei n. 9.882/99 —, nos termos do art. 96, I, *a*, da própria Constituição.

A pesquisa que ora se conclui encontrou no Agravo Regimental em Petição n. 1.140-7 — STF, no qual foi relator o Sr. Ministro Sydney Sanches, a demonstração cabal de que a edição de *uma lei* que regulasse o instituto da "Argüição" era necessária. Em tal *decisum*, o Ministro Relator destacou que para a Argüição de Descumprimento de Preceito Fundamental (a ADPF) dela (da CF/88) decorrente e perante o STF havia a exigência de uma Lei Formal, não estando autorizado, à sua falta, a aplicação da analogia, dos costumes e dos princípios gerais do Direito.

É corrente na doutrina acadêmico-constitucional que quando a Carta Magna expressa somente a palavra *lei*, não mencionando se é complementar, delegada, etc., trata-se da necessidade da edição de uma Lei Ordinária. Ora, por ser um mecanismo (a ADPF) que depende de edição de uma Lei, como afirmado pelo Min. *Sydney Sanches,* é lógico concluir que o § 1º, do art. 102, da CF/88 que "pede" tal lei é uma norma constitucional de eficácia limitada.

A "dependência" da Lei para que o instituto da ADPF se tornasse efetivo findou em 3 de dezembro de 1999, com a publicação (na verdade foi no dia 6 de dezembro, mas está registrado no *corpus* da Lei a data logo atrás citada) da *Lei n. 9.882/99*. A comissão de juristas que elaborou o projeto que culminou com este Diploma Legislativo foi composta por Celso Bastos, Ives Gandra, Arnoldo Wald, Oscar Dias Corrêa e Gilmar Mendes. Sendo assim, de acordo com o que prescreve o art. 3º, inciso I, da Lei Complementar (a LC 95/98) que dispõe sobre a elaboração, redação, etc., da lei, tem-se que a *ementa da Lei n. 9.882/99* denota que esta "dispõe sobre o processo e julgamento da argüição de descumprimento de preceito fundamental, nos termos do § 1º do art. 102 da Constituição Federal".

Procedeu-se, pois, em vista à edição do Diploma de Regência, a análise dos quatorze artigos da Lei em tela, passando-se, por conseguinte, a expor as conclusões obtidas em face deste exame.

O *caput* do art. 1º da Lei da Argüição (LA) "apenas" sintetiza o que restou exposto na conclusão a respeito dos termos que compõem o mecanismo em estudo. A ADPF é uma modalidade de controle constitucional concentrado/objetivo — e que pode vir a ser incidental, ou seja pode vir a ser interposta no "meio" de outros processos judiciais — que visa evitar ou reparar lesão a preceito fundamental resultante de ato do Poder Público, quer sejam leis, atos normativos, atos administrativos, jurisdicionais ou, ainda, até mesmo, atos concretos. Este entendimento advém do próprio "silêncio eloqüente" do art. 1º, da Lei n. 9.882/99, o qual apenas referiu-se a atos do Poder Público, o que permite não só a inclusão destes atos concretos suscitados, como também abre a possibilidade de uma "Argüição" em vista a um Processo em trâmite no Poder Legislativo, algo que o STF sempre foi refratário e sempre recusou-se imiscuir-se, sob a alegação da independência total entre os Poderes.

No que concerne ao parágrafo único, do art. 1º da LA, apresentou-se a divergência marcante entre os que entendem que lei ou ato normativo municipal e/ou anterior à CF/88 pode ou não ser objeto da ADPF, restando "apenas" a "simples" tarefa de tentar (como exposto no início desta conclusão) tomar uma posição. Não caberia, obviamente, suscitar todas as diferenças novamente, sob o risco de recair numa enfadonha repetição.

Confessa-se que pendeu-se sobremaneira para o lado da possibilidade da interposição de uma ADPF em face de atos municipais e em virtude de atos/fatos ocorridos anteriormente à CF/88, mesmo porque estariam em jogo preceitos fundamentais e porque tais atos/fatos ainda poderiam estar produzindo efeitos nos dias de hoje (segundo semestre de 2002). Ocorre que a opinião do Ministro José Carlos Moreira Alves em sentido contrário, ou seja, de que o alargamento da competência do STF pela via ordinária é inconstitucional foi determinante nesta tomada de posição.

Quando, no XXIII Congresso de Direito Constitucional promovido pelo Instituto Brasileiro de Direito Constitucional (IBDC), o Magistrado expressou suas observações, ficou patente que a inconstitucionalidade é apenas formal e não material, pois o problema não são os objetos (ato municipal ou anterior à CF/88), mas, sim, a forma como foi dada a competência para o STF processar e julgar a ADPF. Uma "simples" inserção no Texto Constitucional pela via do quórum qualificado de três quintos, ou seja, por meio de uma emenda constitucional "alargando" a competência do STF para tal e, talvez, tanto o aspecto formal, como o material aqui suscitados estariam plena e cabalmente resolvidos e livres de divergências.

É de bom alvitre reiterar que a pesquisa (sentido lato) prosseguirá e que mudanças de posicionamentos poderão ocorrer na medida em que o estudo e a maturidade acadêmica avançarem. Por ora, no entanto, fica-se com o que está explícito logo atrás.

O art. 2º determnina quem pode propor a ADPF, quais sejam, os mesmos legitimados para a propositura da Ação Direta de Inconstitucionalidade (a ADIn) — art. 103, I a IX, da CF/88 — e já devidamente enumerados logo no início desta conclusão, quando, a propósito, mostrou-se, inclusive, a questão da chamada "pertinência temática".

Em relação ao § 1º, do art. 2º, da Lei n. 9.882/99 entendeu-se que restou um tanto quanto prejudicado, em vista ao veto que o presidente apôs ao inciso II, o qual permitia a propositura ampla da ADPF por qualquer prejudicado. Deste modo, o dispositivo em conclusão somente permite que o lesado não pertencente ao rol dos legitimados interponha a ADPF pela via indireta, ou melhor, qualquer um que tenha sofrido um prejuízo pelo descumprimento de um preceito fundamental, se quiser reparar (ou mesmo evitar) tal lesão, estará à mercê e na dependência do Procurador-Geral da República. Ou, ainda, terá de "suplicar/rogar" a algum dos outros legitimados para que proponha a ADPF em seu nome (no nome do próprio legitimado), calcado na possibilidade de que os efeitos da decisão em sede de ADPF o atinjam de maneira reflexa. É uma situação deveras constrangedora, mas, de qualquer forma, ainda mantém uma tênue esperança ao particular que intente na interposição de uma "Argüição".

A conclusão mais importante acerca do terceiro dispositivo da LA refere-se à necessidade de que haja, efetivamente, um advogado atuando na "Argüição", não obstante estar expressamente declinado quem são os legitimados para tal interposição. Ora, a capacidade postulatória é uma prerrogativa do advogado e está devidamente incrustado no Texto Constitucional (no art. 133) que a presença do advogado é indispensável. Conclui-se, portanto, ao contrário da praxe em voga, que à exceção do Procurador-Geral da República e do Conselho Federal da Ordem dos Advogados do Brasil (advogados por natureza), todos os outros — o Presidente da República, inclusive — devem constituir legalmente um representante, podendo ser, até mesmo, um advogado de carreira e pertencente ao quadro funcional do respectivo legitimado; ou, então, alguém com notório saber jurídico, algo que facilitaria e afastaria a exigência da "licitação de serviços", tal como prescrevem os arts. 13, incisos e §§ e 25, II e § 1º da Lei de Licitações, qual seja, a Lei Federal n. 8.666 de 21 de junho de 1993.

Sobre os incisos do art. 3º, ficou patente que a controvérsia existente e relevante sobre aplicação de preceito fundamental deve estar ocorrendo no *âmbito judicial*, havendo, num caso (no inciso I), um simples pedido — que acabou virando uma obrigação — de indicação do preceito que se considera violado e noutro (no inciso V) a exigência de comprovação da existência da já mencionada controvérsia judicial.

O que mais chamou a atenção neste artigo, porém, foi a constatação de que é obrigatória a indicação do preceito — não admitindo-se, portanto, a denominada alegação genérica de inconstitucionalidade ou de descumprimento — e que isto não representa que o STF está/esteja vinculado ao pedido, podendo, desse modo, haver a "fundamentação aberta" do decisório, tal como pôde apreender-se no decorrer da pesquisa e da elaboração da redação final deste livro. Compreende-se, entretanto, que é assim que deve ser o procedimento, visto que tal forma de condução procedimental coaduna-se perfeitamente com o princípio da celeridade processual.

Logo, é necessário que estejam expostos os fundamentos jurídicos do pedido com relação às normas, leis, atos, etc., impugnados, não serão admitidas alegações genéricas sem qualquer demonstração razoável, bem como, o STF não está cingido e restrito a apreciar somente os preceitos indicados na Inicial da "Argüição". Ao ver, é uma medida procedimental salutar ao bom desempenho do STF em sua função "jurisdicional jurídico-constitucional" (*sic!*).

Quanto aos incisos (do art. 3º) II — a indicação do ato questionado; III — a prova da violação do preceito fundamental; e as duas vias da petição inicial, com as respectivas cópias do ato questionado e dos documentos necessários para a comprovação da impugnação prescritos e solicitados pelo parágrafo único, não há dúvidas de que é uma necessidade inerente a qualquer processo na órbita judicial.

O exame do art. 4º fez emergir a possibilidade da interposição de Agravo quando a petição inicial for indeferida liminarmente pelo relator em face da falta de algum dos *requisitos prescritos na LA*, quando ela, a inicial, for *inepta* ou quando *não for o caso de argüição de descumprimento de preceito fundamental*.

Logo, concluiu-se que se não for ato do Poder Público; se não houver a possibilidade de que um preceito fundamental esteja sendo "descumprido"; se não estiver em cena nenhum dos legitimados; se não houver a indicação deste preceito que se considera violado e a própria indicação do ato questionado; se não houver uma prova inequívoca da violação do preceito fundamental; se não houver o pedido com suas especificações; e, se for o caso, não existir a comprovação da existência de controvérsia judicial relevante sobre a aplicação do preceito fundamental que se considera violado, dentre outros *requisitos da Lei*, de pronto o relator indeferirá a petição inicial e, por conseguinte, poder-se-á "agravar" tal *decisum*.

No que relaciona-se com a inépcia, verificou-se que trata-se de uma inicial que não produz efeitos jurídicos por vícios que transformam-na em contraditória, confusa, desconexa e incoerente. E, ainda, a inicial pode ser considerada inepta se não se apoiar em direito expresso, por lhe faltarem os requisitos exigidos pela lei ou por não se aplicar à espécie o fundamento invocado.

Na esteira, aproveita-se a última frase do parágrafo anterior para obtemperar-se sobre o que os autores chamaram de "Princípio da subsidiariedade". Este surgiu da leitura do *caput*, do art. 4º, especificamente "...quando não for o caso de argüição de descumprimento de preceito fundamental..." justaposta à leitura do "§ 1º Não será admitida argüição de descumprimento de preceito fundamental quando houver qualquer outro meio eficaz de sanar a lesividade". Com efeito, entendeu-se que a ADPF não deve substituir outras ações ou saltar/sobrepor-se os outros recursos judiciais. Entretanto, o caráter subsidiário deve ser avaliado em vista não apenas à inexistência, mas, também, à/da ineficácia de outros mecanismos de obtenção da tutela jurídica e/ou judicial.

O estudo mostrou que esse instrumento de efetividade dos preceitos fundamentais não substitui outras disposições da Carta Magna e que tenham objetivos similares, vale dizer, o *habeas corpus*, o *habeas data*, o mandado de segurança, a ação popular, as ações diretas de inconstitucionalidade genérica, interventiva e por omissão e a ação declaratória de constitucionalidade, isto se houver resultado positivo no uso destas. Contudo, se essas medidas não forem suficientes para evitar ou sanar a lesividade efetuada por ato do Poder Público em face de preceitos fundamentais, aí sim, a ADPF pode entrar em cena.

Notou-se, portanto, que o cabimento da ADPF não exige a inexistência de outros mecanismos jurídicos, mas impõe o seu prévio esgotamento sem real efetividade, i. é., sem que tenha havido a cessação à lesividade a preceito fundamental. Conclui-se, pois, que o art. 4º da Lei n. 9.882/99 não previu exclusividade de hipóteses para a utilização da "Argüição", mas sua *subsidiariedade* ante à ineficácia dos outros instrumentos de tutela de direitos/preceitos fundamentais em subsunção a este ou aquele caso concreto ou normativo.

Ao final da pesquisa e, por conseqüência, da própria redação da obra, pôde-se asseverar-se que o art. 5º e seus §§ 1º e 2º determinam que a competência para a análise do pedido de liminar em sede de ADPF é do Plenário do STF, o qual somente poderá deferi-la a partir do momento em que seis de seus Ministros (maioria absoluta) votarem neste sentido. Ficou claro que o Ministro Relator, quando do despacho, tem a faculdade de ouvir a respeito do tema os órgãos ou autoridades responsáveis pelo ato questionado, bem como, o Advogado-Geral da União — como *defensor legis* — e o Procurador-Geral da República — como *custos legis*. À evidência, estas considerações são meras formalidades, visto que, da própria inteligência do *caput* e dos §§ 1º e 2º do art. 5º é perceptível tal entendimento com proficiência.

Já no atinente ao § 3º, do art. 5º o mesmo não pode ser dito, ao contrário, imensas divergências dividiram a doutrina em duas correntes antagônicas, isto é, uma que entende que o dispositivo emoldurado é constitucional e outra que entende que é inconstitucional. Ambas foram devidamente demonstradas e neste instante cabe e é necessária "apenas" uma tomada de posição neste ou naquele sentido.

Pois bem, no derradeiro momento, conclui-se pela plausibilidade do dispositivo contido no § 3º, do art. 5º, vale dizer, entende-se que é uma prescrição revestida pela constitucionalidade, tal como afirma a segunda linha de pensamento exibida no capítulo/item pertinente, não obstante o STF, "liminar" e "provisoriamente", ter sinalizado noutro sentido.

Ora, o referido despacho somente será deferido em caráter "liminar", ou seja, apenas "provisoriamente". Suspenderá, portanto, os efeitos e/ou a tramitação dos processos que não tenham transitado em julgado, bem como, não decidirá qualquer deles. Apenas indicará que "espere-se para ver o que vai ocorrer" e, ainda, assinala aos demais membros do Poder Judiciário que "aguardem a decisão do STF", a fim de que o norte para as sentenças nesta ou naquela lide seja expedido e, a partir de então, o mérito dessas questões possa ser julgado.

Da apreensão auferida compreende-se que é um dispositivo não somente útil para a celeridade (evitaria diversos recursos e a parte "derrotada", sabedora do destino final, "trataria" (*sic!*) de cumprir a decisão), como também de grande valia para a segurança jurídica, é bom ressaltar, serviria/servirá de parâmetro ao Judiciário em geral e não uma obrigação a qual o Magistrado estará vinculado, pelo menos neste ínterim.

Dessa maneira, em vez da suspensão em voga ser uma afronta ao Estado de Direito, tal medida seria, na verdade, uma providência salutar e de bom grado ao próprio Estado de Direito, justamente por promover a chamada "segurança jurídica". Ocorre que, rescreve-se, independentemente do juiz singular decidir a lide *inter partes* improcedente ou procedente, o que importará é que a fundamentação seja coerente com a forma que o STF entende que o preceito fundamental deve ser interpretado e/ou aplicado.

Destarte, sobretudo, evitar-se-ia as enormes contradições entre as decisões que se verificam nos diversos julgamentos oriundos do Judiciário em geral. Está aí, portanto, o posicionamento concludente, bem com, os porquês para tal postura, mesmo porque "a liminar poderá", e não deverá suspender o adamento de processo ou os efeitos de decisões judiciais ou de qualquer outra medida relacionada à matéria em apreciação.

Da leitura do art. 6º e seus §§ 1º e 2º auferiu-se que após a apreciação de medida cautelar (da liminar), o relator solicitará as informações às autoridades responsáveis pela prática do ato questionado, no prazo de dez dias. Poderá, ainda, o relator, caso entenda ser necessário, ouvir as partes nos processos que ensejaram a ADPF, requisitando informações adicionais, designando perícias ou comissão de peritos para que emita(m) parecer sobre a questão, ou, também, fixar data para declarações, em audiência pública, de pessoas com experiência e autoridade na matéria. Se houver requerimento de sustentação oral e juntada de memoriais, o relator a seu critério, poderá deferi-lo ou não.

Um procedimento e uma *formalidade processual* é a compreensão que se pôde obter da análise do art. 7º e parágrafo único, da Lei n. 9.882/99. Conferiu-se que o relatório a que se refere o *caput* concerne não apenas ao próprio relatório em sentido estrito, mas, a soma deste ao dispositivo que fundamenta o aspecto decisório do acórdão. Desta maneira, após o lançamento das cópias do relatório (em sentido lato, ou seja, com todas as partes que compõem uma sentença e/ou um acórdão: relatório, fundamentos, decisório) aos Ministros, o relator pedirá dia para julgamento, no qual haverá o desfecho da ADPF.

Nitidamente foi possível perceber-se que trata-se de uma formalidade ou um aspecto formal que deve ser levado em conta positiva e não julgar-se como mais um expediente burocrático. No Brasil, especialmente — e neste passo, até constitucionalistas internacionais expediram suas conclusões —, leva-se muito a sério as questões processuais. Por este entendimento, nada mais lógico do que considerar-se que o trâmite prescrito e que todos os prazos devem ser respeitados.

Sendo desse modo, após o decurso do prazo para informações, o relator lançará o respectivo relatório (sentido lato, qual seja, o próprio relatório, a sua fundamentação e a sua decisão sobre o caso "argüido"), com cópia para todos os Ministros, "pedindo" dia para julgamento, não obstante ter que aguardar o Ministério Público "dar vistas" (com a conseqüente expedição de seu parecer) ao processo por cinco dias, depois dos dez dias (que podem ser mais, devido a perícias, oitivas, informações adicionais, declarações, sustentações, memoriais, etc.) dados como prazo para as informações e mencionados no início deste parágrafo. Fica-se, pois, a seguir, no aguardo do julgamento.

> "Art. 8º A decisão sobre a argüição de descumprimento de preceito fundamental somente será tomada se presentes na sessão pelo menos 2/3 (dois terços) dos Ministros. Vetados os §§ 1º e 2º."

A Lei já encontra-se — em vista a uma seqüência lógica — na fase de julgamento, tal como pôde-se averiguar na análise concludente emitida logo atrás. Ao ver, os vetos foram bem apostos, em virtude do fato de que prescreviam, respectivamente, que "'Considerar-se-á procedente ou improcedente a argüição se num ou noutro sentido se tiverem manifestado pelo menos dois terços dos Ministros' e 'Se não for alcançado a maioria necessária ao julgamento da argüição, estando ausentes Ministros que possa influir no julgamento, este será suspenso a fim de aguardar-se sessão plenária na qual atinja o *quorum* mínimo de votos'".

Não poder-se-ia, mesmo, contrariar o art. 97 da Constituição que determina que a decisão de inconstitucionalidade (e de descumprimento) deve ser tomada pela maioria absoluta dos membros do órgão especial (o Pleno, no caso do STF), o que quer dizer que são seis Ministros (dos Onze que compõem o Tribunal) e não oito como "queria" a Lei.

Não há mais dúvidas, portanto, de que o quórum mínimo (n. mínimo de Ministros presentes no Plenário) para a *abertura e prosseguimento* da sessão de julgamento deve ser de *oito Ministros*, ao passo que, para que seja *prolatada uma decisão* nesta ou naquela direção, o número mínimo de votos para a declaração de procedência ou de improcedência, vale dizer, se houve ou não o descumprimento, será de *seis votos*.

Na percepção de que o art. 9º foi totalmente vetado, o que, por óbvio, lhe facultou prejudicada a sua observação, resta, pois, seguir adiante.

A conclusão que se segue, indo à frente, é que as autoridades ou órgãos responsáveis pela prática dos atos questionados serão comunicados da decisão logo após o término do julgamento da ação. Juntamente com esta comunicação estarão fixadas as condições e o modo de interpretação e aplicação do preceito fundamental.

Refletiu, o estudo, que a *interpretação* é a maneira pela qual o intérprete extrai da lei ou da norma jurídica tudo o que dela se contém e visa ao aperfeiçoamento do Direito. Colheu-se, também, da pesquisa que os intérpretes constitucionais devem operá-la (a interpretação) pautados na observância da justiça, da eqüidade, do equilíbrio de interesses, da razoabilidade, da praticabilidade, da segurança jurídica, da clareza metodológica, da força normativa da Constituição, etc.

Neste mister, constatou-se que há dois tipos de interpretação, quais sejam, a "interpretação conforme a Constituição" e a "declaração de inconstitucionalidade parcial sem redução de texto". No primeiro caso, há a divisão em três possibilidades: interpretação conforme *com* redução de texto (retira-se esta ou aquela expressão do texto); interpretação conforme *sem* redução do texto, determinando à norma uma interpretação que lhe *preserve a constitucionalidade*; interpretação conforme *sem* redução de texto, *excluindo* da norma impugnada uma interpretação que lhe acarretaria a inconstitucionalidade. Na segunda opção, trata-se de um mecanismo para atingir-se uma interpretação conforme a Constituição, nos mesmos moldes acima explicados, o que significa dizer que é mais uma das técnicas de decisões admissíveis.

Distinguiu-se, também, a interpretação da aplicação. Aquela já definitivamente elucidada logo atrás e esta sendo o uso, a utilização, a incidência ou a solução jurídica a caso ou ato previsto em lei; tem, ainda, a acepção de acomodação e de execução, o que remete essa assertiva, justamente, à acomodação e à execução (à aplicação) de/dos preceito(s) fundamental(is).

Relacionando-se aos §§ 1º e 2º, constatou-se que a decisão deverá ser cumprida antes mesmo da lavratura do acórdão e que a parte dispositiva deste, no prazo de dez dias contados a partir do seu trânsito em julgado, será publicada em seção especial tanto no *Diário da Justiça*, como no *Diário Oficial da União*.

Sobre o efeito vinculante relativamente aos demais órgãos do Poder Público e sobre a eficácia contra todos que a decisão terá em sede de "argüição de descumprimento de preceito fundamental" há duas correntes desarmônicas, isto é, uma que entende que é possível à lei estabelecer tais efeitos/eficácia e outra que subentende que estas expressões, especialmente a "efeito vinculante", estão eivadas pelo vício da inconstitucionalidade.

Não é conveniente, pois, trazer à baila novamente todas as discussões e as linhas de pensamento — visto que tal tarefa já fora executada no seu respectivo capítulo/item, qual seja, o *6.9* —, mas, tão-somente, "escolher" qual segui-la e fundamentar tal "eleição" (*sic!*) e tal predileção.

Dessarte, independentemente de haver ainda um resquício de incerteza quanto à validade da introdução da eficácia contra todos e do efeito vinculante pela via ordinária, quanto à legitimidade da admissão destes no sistema, não resta qualquer desconfiança e/ou ceticismo de que tal imposição traz, ao ver, uma razoável (para não dizer enorme) segurança jurídica.

Ora, se o instituto tem a sua interposição deveras restringida a um número reduzido de argüentes (não obstante a soma de possíveis legitimados estar na casa dos, pasmem, seiscentos) e se o seu julgamento dá-se pelo mais alto escalão do Poder Judiciário brasileiro, com *quórum* qualificadíssimo, etc., não há que se falar em não obrigar que todos tenham o devido respeito a tal decisão. Não seria admissível, por esse raciocínio, que o Poder Público pudesse expedir novas leis, novos atos normativos e/ou perfazer outros atos administrativos (e concretos, também), dentre outros, em contradição com o que a Corte Suprema determinou/determinara. Seria, desta maneira, uma flagrante usurpação da competência do STF, da mesma forma que, ratifica-se, seria uma imensa falta de consideração com a já solidificada estrutura institucional brasileira.

Tenha-se presente, pois, que, de todas as ponderações, depreende-se e deduz-se que a força vinculante e a eficiência/eficácia contra todos, sem exclusão de toda a fundamentação até então delineada inequivocamente, são imposições que advêm da própria natureza do instituto da "Argüição".

Indubitavelmente, o aspecto que mais gerou polêmica foi a questão do "lapso temporal" em que uma lei, ato normativo, etc., declarados inconstitucionais e/ou descumpridores da Constituição poderão — mesmo com tal declaração de descumprimento e/ou inconstitucionalidade — permanecer/ficar produzindo efeitos.

A pesquisa efetuada corroborou que toda lei, ato normativo, etc., declarados inconstitucionais (e descumpridora da Constituição) — exceto, conforme explicado logo atrás, quando a declaração for uma daquelas que se referem à *interpretação*, ocasião em que poderão produzir os efeitos previstos pela indicação do STF — serão *nulos* de pleno direito (e de decisão), vale dizer terão seus efeitos cassados *ex tunc* pela Suprema Corte. Se a tradição do constitucionalismo brasileiro indica que uma lei, ato normativo, etc. (doravante apenas lei), considerados inconstitucionais pelo STF não podem produzir efeitos desde a sua edição e/ou início de sua vigência, isto significa entender que a inconstitucionalidade é, repete-se, retroativa, desde sempre e *ex tunc:* tudo o que foi feito sob a abrangência desta lei e com base em suas emanações prescritivas não tem/terão mais valor nem, tampouco, validade, exceto se tais atos jurídicos já estivem jungidos pelo instituto da "coisa julgada", o que é sinônimo da denominada "Segurança Jurídica".

O alvoroço causado pelo art. 11 da lei em estudo teve (e tem), por conseguinte, notória razão de ser. Como pode, agora, uma lei declarada inconstitucional (*ex tunc*; portanto, de acordo com a tradição), o ser *ex nunc* — a partir de então — ou, pior, num momento *pro futuro*, perguntaram-se alguns indignados doutrinadores? Não é concebível que uma lei seja constitucional até certa data, para somente depois tornar-se inconstitucional, bradaram outros! É uma enorme contradição, disseram e ainda dizem alguns! Outros, por fim, afirmaram (e mantêm a posição) convictamente que ou uma lei é constitucional (cumpridora da Carta) ou é inconstitucional (descumpridora), *i. e.*, não há como conceber-se e/ou imaginar-se um "meio-termo" (*sic!*). Vale ressaltar que — até por uma questão de lógica — a apresentação perfunctória do posicionamento contrário ao texto em evidência pauta-se na exaustiva e eficaz exposição já efetuada no capítulo/item relativo ao tema.

Noutra frente está a corrente favorável à prescrição do art. 11 (nesta direção e incrustado no texto, "tem até" (*sic!*) um parecer do Consultor-Geral da União em 2002, Dr. André Serrão Borges de Sampaio), da Lei n. 9.882/99 (e do art. 27, da Lei n. 9.868/99), o que quer significar que a *mitigação* dos efeitos temporais (e também materiais), para esses doutrinadores, é válida, tem sentido e não afeta, se bem aplicado (o dispositivo), a segurança jurídica e o interesse público/social. Para essa linha doutrinária é lídima e justa a disposição que permite que dois terços dos membros do STF restrinjam os efeitos daquela declaração de descumprimento (ou de inconstitucionalidade) ou decidam que ela só tenha eficácia a partir de seu trânsito em julgado ou de outro momento que venha a ser fixado pelo Pleno.

Eminentes jurisconsultos asseveram que é inquestionável a relevância da flexibilização do dogma da nulidade — "ou é ou não é" — da lei desde o seu surgimento (exceto quando da dita "inconstitucionalidade superveniente", ou seja, já existe uma lei, surge uma Constituição, ou na vigência desta, aparece uma emenda constitucional contrárias àquela lei: neste caso ela será revogada *ex nunc*). Fixaram convicção, também, de que a regulamentação da amplitude e dos efeitos temporais previstas no art. 11 da LA pode ser determinada pela via ordinária — em face da própria "solicitação" da Constituição, vale lembrar, "... nos termos da lei" —, bem como, emanaram voz corrente no sentido de que tal "manipulação de efeitos" somente dar-se-á com uma votação em um terço superior à da maior possível — a maioria absoluta é de seis Ministros, logo, a maioria para tal votação/mitigação é/será de oito Ministros. Ora, alegam, se a maioria absoluta é de seis Magistrados e para que tal mitigação seja posta em voga são necessários que oito Ministros votem neste sentido, trata-se, por evidente, de um quórum "para lá de qualificado" (*sic!*).

No entanto, o convencimento e a conclusão de que esta é a corrente de pensamento à qual deve-se seguir e inscrever-se adveio da constatação de "a regra não se transforma em *exceção* e *o que é uma exceção assim foi positivada"*, vale repetir, desse modo foi colocado no ordenamento jurídico, qual seja, realmente como uma situação de *exceção.*

A assertiva concludente logo acima tão-somente expressa, corrobora e ratifica que *a regra é a nulidade* (ou a anulabilidade, como quer Kelsen) do ato descumpridor da Constituição ou da lei inconstitucional com efeitos *ex tunc*, retroativos da decisão e da edição/vigência dos mesmos, *mas que somente em vista de evidentes e notórias razões de segurança jurídica e em virtude de excepcionais questões de interesse social/público é que tal dispositivo poderá ser aplicado pelos Magistrados da Corte Suprema do Brasil.* Ademais, trata-se de uma plausível adaptação à realidade que verificar-se-á nesta ou naquela situação (normativa ou concreta) e de um abrandamento deveras pertinente da sua rigidez excessiva (da inconstitucionalidade ou do descumprimento "puro e simples", *i. e.*, o "ou é ou não é", sem "meio-termo"), os quais (a adaptação à realidade e o abrandamento da excessiva rigidez) certamente evitarão conseqüência demasiado gravosas ao interesse social/público e à segurança jurídica.

Importa sublinhar a respeito do dispositivo que prescreve que a decisão sobre o pedido em ADPF é irrecorrível e que não pode ser objeto de ação rescisória (art. 12. da LA) que a comum e conhecida conexão pedido-decisão/sentença/acórdão-recurso tem peculiaridades distintas dos processos comuns, em vista de cuidar-se de processo objetivo.

Observou-se que o STF não está subjugado ao preceito específico invocado pelo autor, o que quer refletir que o Supremo pode — em face do pedido e da indicação do preceito violado, ou que se tem por tal — considerar que é o caso de "Argüição" de descumprimento por força de outro preceito fundamental, ou seja, a Corte é livre na apreciação do pedido e tem liberdade para fundamentar. É a chamada e conhecida *fundamentação aberta* já mencionada e entranhada aqui, neste texto.

Pôde-se notar no caso em destaque que o máximo que a análise sistemática do instituto permite são os embargos de declaração, estando vedados, portanto, todos os outros tipos de recursos, os embargos infringentes previstos no art. 333, IV, do Regimento Interno do Supremo Tribunal Federal (RISTF), inclusive. Logo, tem-se que o pedido deve ser circunscrito, a fundamentação da decisão pode ser "aberta" e esta somente poderá ser objeto de embargos de declaração em virtude da possibilidade (remota, *a priori*, diga-se de passagem, em vista à qualidade e à proficiência dos Ministros) de haver contradições, dúvidas, omissões, obscuridades, etc., insanáveis pelo intérprete, o que demandaria a reapreciação (e/ou uma nova declaração) dos julgadores.

No que tange à *ação rescisória*, impossibilitada pela Lei n. 9.882/99, em seu art. 12 e pelo princípio da "Lei especial que derroga a Lei geral", visto que no RISTF [neste caso pode-se considerar que a Lei da Argüição (a LA) é a Lei especial, enquanto que o RISTF é a geral, mesmo não sendo lei, mas resolução interna] está prevista tal ação, entende-se que a decisão do Supremo em sede de ADPF, a *contrario legem, poderá, sim, vir a ser objeto de rescisória.*

Basta para tanto que, não obstante a efetividade e a aplicação da análise sistemática efetuada logo atrás e que dá relevo à prescrição do RISTF (mesmo, redunda-se, estando este "abaixo" da Lei Ordinária da Argüição, em termos hierárquico-constitucionais), venha a ocorrer uma das hipóteses indicadas no art. 485 e ss. do Código de Processo Civil (CPC).

Divagando-se um pouco, ter-se-ia, pois, um conflito de prescrições normativas de âmbito e de cunho federal — o CPC X (contra) a LA [ambos(as) no mesmo patamar, qual seja, situados(as) em grau de Leis Ordinárias] — e que, por conseqüência, caberia ao Superior Tribunal de Justiça (STJ) (mesmo levando-se em conta que o julgamento seja oriundo do STF), nos termos do art. 105, III, *a*, da CF/88, julgar e decidir a controvérsia entre as duas leis federais. E aí, seria admissível um Recurso Especial (ou outro instituto similar) a fim de indicar qual das normas federais deve ser aplicada? Fecha-se o parêntese para o asserto de que tal resposta somente será possível noutro trabalho acadêmico. Por ora, o momento da pesquisa conjugado com a incipiência do Autor na seara constitucional inviabilizam tal solução, restando "impressas e expressas" apenas, pois, as indefectíveis indicações, afirmações e posições conclusivas acerca da *irrecorribilidade* e da *rescisória*.

Consignou-se, quase ao final da leitura, que a *reclamação* é o requerimento ao STF (ou ao STJ) para que determine medidas que preservem a sua competência ou a autoridade de suas decisões. Logo, se algum órgão judiciário inferior, se o Poder Público não evitar e/ou não reparar lesão a preceito fundamental e se houver qualquer "descumprimento" à decisão prolatada pela Suprema Corte brasileira em sede de "Argüição", é certo que a *reclamação* é consentânea.

A reclamação, conforme verificou-se, processar-se-á com base no Regimento Interno do Supremo (RISTF), tendo como subsidiárias as disposições sobre o instituto da reclamação encontradas na Lei n. 8.038/90. Vale a memória de que o Regimento Interno é o código que regula a forma de funcionar e regulamenta a maneira como são executados e efetuados os serviços internos dos Tribunais (e de outras Casas/órgãos públicos); e é um ato administrativo (uma resolução) que disciplina o funcionamento destes Tribunais/órgãos colegiados, tendo a natureza de ato regulamentar interno, alcançando, portanto, aqueles que executam uma atividade funcional regimentada, não abrangendo, por conseqüência, os particulares em geral.

O que prescreve o art. 13 da LA, de acordo com o auferido, encontra guarida no próprio Texto Constitucional, qual seja, especificamente no art. 102, I, *l*, determinação esta que permite ao STF processar e julgar a reclamação para a preservação de sua competência e para garantir a autoridade de suas decisões.

Restou nítido e patente, concluindo, que havendo qualquer descumprimento à decisão prolatada pelo STF em sede de "Argüição de Descumprimento de Preceito Fundamental", a *reclamação* cabível e que poderá ser interposta perante o Pretório Excelso deve ser aquela prevista e regulamentada pelo próprio Regimento Interno do Supremo Tribunal Federal.

"Esta obra entra em vigor na data da sua apresentação." A singela paródia à prescrição do último artigo da Lei n. 9.882/99 (art. 14. "Esta Lei entra em vigor na data de sua publicação"), caro leitor, tem razão e motivo de ser. Foi o modo encontrado para/de expressar e extravasar a alegria pelo encerramento desta empreitada tal como fora projetada. Também reflete a satisfação pela finalização da obra com um possível êxito, presta-se a enaltecer a consecução de um texto um tanto quanto escorreito, serve para exultar a relativa eloqüência que se pôde empreender à redação e pela proficiente sinergia auferida entre autor-doutrina-texto final e, permita-se a ousadia, o leitor.

Não se olvida, ainda, em denotar que, ao contrário do que diz o art. 8º da Lei Complementar n. 95, de 26 de fevereiro de 1998 ("A vigência da Lei será indicada de forma expressa e de modo a contemplar prazo razoável para que dela se tenha amplo conhecimento, reservada a cláusula 'entra em vigor na data da sua publicação' para as leis de pequena repercussão"), a Lei n. 9.882/99 (ou a LA, ou a Lei da "Argüição") causou grande *repercussão*.

Ficou a certeza de que o Legislador prescreveu e determinou que a lei entrasse logo em sua plena vigência não por pouco repercutir no meio jurídico-acadêmico-doutrinário, mas, sim, com o intuito e com o objetivo de que rápida e imediatamente a produção dos efeitos pertinentes e inerentes ao instituto em tela pudessem desencadear o fim a que se propunha, qual seja, a proteção às prescrições elementares emanadas da Lei Maior do Brasil.

Que os preceitos fundamentais, portanto, sejam efetivamente protegidos pela "Argüição". E que o sistema jurídico-constitucional pátrio continue perenemente no rumo e na direção do aperfeiçoamento, algo que, indubitavelmente ajudará sobremaneira na manutenção e na coesão do ordenamento jurídico nacional como um todo.

A consistência e a solidez do Estado de Direito — venturosa e afortunadamente "imposto" à população brasileira e à comunidade mundial e internacional a partir de 5 de outubro de 1988, com a promulgação da Constituição da República Federativa — devem perpetuar-se e eternizar-se sem qualquer argumentação e/ou "argüição" contrária. E a conservação da rigidez e da supremacia da Lei Suprema em face de qualquer vicissitude é tarefa precípua que se impõe ao sistema de controle de constitucionalidade (tanto faz se concentrado/objetivo ou difuso/incidental) acrescido, agora, de mais um inequívoco e eficaz mecanismo de obtenção do objetivo maior da nação, qual seja, o bem comum da sociedade brasileira.

IV — ANEXO

LEI N. 9882, DE 3 DE DEZEMBRO DE 1999(*)

Dispõe sobre o processo e julgamento da argüição de descumprimento de preceito fundamental, nos termos do art. 102 da Constituição Federal.

O Presidente da República

Faço saber que o Congresso Nacional decreta e eu sanciono a seguinte Lei:

Art. 1º A argüição prevista no § 1º do art. 102 da Constituição Federal será proposta perante o Supremo Tribunal Federal, e terá por objeto evitar ou reparar lesão o preceito fundamental, resultante da ato do Poder Público.

Parágrafo único. Caberá também argüição de descumprimento de preceito fundamental:

I — quando for relevante o fundamento da controvérsia constitucional sobre lei ou ato normativo federal, estadual ou municipal, incluídos os anteriores à Constituição;

II — (*Vetado*).

Art. 2º Podem propor argüição de descumprimento de preceito fundamental:

I — os legitimados para a ação direta de inconstitucionalidade;

II — (*Vetado*).

§ 1º Na hipótese do inciso II, faculta-se ao interessado, mediante representação, solicitar a propositura de argüição de descumprimento de preceito fundamental ao Procurador-Geral da República, que, examinando os fundamentos jurídicos do pedido, decidirá do cabimento do seu ingresso em juízo.

Art. 3º A petição inicial deverá conter:

I — a indicação do preceito fundamental que se considera violado;

II — a indicação do ato questionado;

III — a prova da violação do preceito fundamental;

IV — o pedido, com suas especificações;

V — se for o caso, a comprovação da existência de controvérsia judicial relevante sobre a aplicação do preceito fundamental que se considera violado.

(*) Publicada no *Diário Oficial da União*, de 6 de dezembro de 1999.

Parágrafo único. A petição inicial, acompanhada de instrumento de mandato, se for o caso, será apresentada em 2 (duas) vias, devendo conter cópias do ato questionado e dos documentos necessários para comprovar a impugnação.

Art. 4º A petição inicial será indeferida liminarmente, pelo relator, quando não for o caso de argüição de descumprimento de preceito fundamental, faltar algum dos requisitos prescritos nesta Lei ou for inepta.

§ 1º Não será admitida argüição de descumprimento de preceito fundamental quando houver qualquer outro meio eficaz de sanar a lesividade.

§ 2º Da decisão de indeferimento da petição inicial caberá agravo, no prazo de 5 (cinco) dias.

Art. 5º O Supremo Tribunal Federal, por decisão da maioria absoluta de seus membros, poderá deferir pedido de medida liminar na argüição de descumprimento de preceito fundamental.

§ 1º Em caso de extrema urgência ou perigo de lesão grave, ou ainda, em período de recesso, poderá o relator conceder a liminar, *ad referendum* do Tribunal Pleno.

§ 2º O relator poderá ouvir os órgãos ou autoridades responsáveis pelo ato questionado, bem como o Advogado-Geral da União ou o Procurador-Geral da República, no prazo de 5 (cinco) dias.

§ 3º A liminar poderá consistir na determinação de que juízes e tribunais suspendam o andamento de processo ou os efeitos de decisões judiciais, ou de qualquer outra medida que apresente relação com a matéria objeto da argüição de descumprimento de preceito fundamental, salvo se decorrente de coisa julgada.

§ 4º (*Vetado*).

Art. 6º Apreciado o pedido de liminar, o relator solicitará as *informações* (grifos) às autoridades responsáveis pela prática do ato questionado, no prazo 10 (dez) dias.

§ 1º Se entender necessário, poderá o relator ouvir as partes nos processos que ensejaram a argüição, requisitar informações adicionais, designar perito ou comissão de peritos para que emita parecer sobre a questão, ou ainda, fixar data para declarações, em audiência pública, de pessoas com experiência e autoridade na matéria.

§ 2º Poderão ser autorizadas, a critério do relator, sustentação oral e juntada de memoriais, por requerimento dos interessados no processo.

Art. 7º Decorrido o prazo das informações, o relator lançará o relatório, com cópia a todos os ministros, e pedirá dia para julgamento.

Parágrafo único. O Ministério Público, nas argüições que não houver formulado, terá vista do processo, por 5 (cinco) dias, após o decurso do prazo para informações.

Art. 8º A decisão sobre a argüição de descumprimento de preceito fundamental somente será tomada se presentes na sessão pelo menos 2/3 (dois terços) dos Ministros.

§ 1º (*Vetado*).

§ 2º (*Vetado*).

Art. 9º (*Vetado*).

Art. 10. Julgada a ação, far-se-á comunicação às autoridades ou órgãos responsáveis pela prática dos atos questionados, fixando-se as condições e o modo de interpretação e aplicação do preceito fundamental.

§ 1º O presidente do Tribunal determinará o imediato cumprimento da decisão, lavrando-se o acórdão posteriormente.

§ 2º Dentro do prazo de 10 (dez) dias contados a partir do trânsito em julgado da decisão, sua parte dispositiva será publicada em seção especial do *Diário da Justiça* e do *Diário Oficial da União.*

§ 3º A decisão terá eficácia contra todos e efeito vinculante relativamente aos demais órgãos do Poder Público.

Art. 11. Ao declarar a inconstitucionalidade de lei ou ato normativo, no processo de argüição de descumprimento de preceito fundamental, e tendo em vista razões de segurança jurídica ou de excepcional interesse social, poderá o Supremo Tribunal Federal, por maioria de 2/3 (dois terços) de seus membros, restringir os efeitos daquela declaração ou decidir que ela só tenha eficácia a partir de seu trânsito em julgado ou de outro momento que venha a ser fixado.

Art. 12. A decisão que julgar procedente ou improcedente o pedido em argüição de descumprimento de preceito fundamental é irrecorrível, não podendo ser objeto de ação rescisória.

Art. 13. Caberá reclamação contra o descumprimento da decisão proferida pelo Supremo Tribunal Federal, na forma de seu Regimento Interno.

Art. 14. Esta Lei entra em vigor na data de sua publicação.

Brasília, 3 de dezembro de 1999; 178º da Independência e 111º da República.

Fernando Henrique Cardoso

V — BIBLIOGRAFIA

ARAÚJO, Luiz Alberto David de; NUNES JÚNIOR, Vidal Serrano. *Curso de Direito Constitucional.* 3ª ed. São Paulo: Saraiva, 1999. 408p.

BARROS, Sérgio Resende de. "Inconstitucionalidade das Leis ns. 9.868/99 e 9.882/99". *In Revista Direito Mackenzie.* v. 2, n. 1, 2000, pp. 193-199.

BASTOS, Celso Ribeiro. *Curso de Direito Constitucional.* 19ª ed. São Paulo: Saraiva, 1998, 499p.

__________. *Hermenêutica e Interpretação Constitucional.* 3ª ed. São Paulo: Celso Bastos Editor — Instituto Brasileiro de Direito Constitucional — IBDC, 2002, 304p.

BERNARDES, Juliano Taveira. *Efeitos das Normas Constitucionais no Sistema Normativo Brasileiro.* Porto Alegre: Sérgio Antonio Fabris Editor, 2002, 88p.

BONAVIDES, Paulo; ANDRADE, Paes de. *História Constitucional do Brasil.* 3ª ed. Rio de Janeiro: Paz e Terra, 1991, 955p.

__________. *Curso de Direito Constitucional.* 7ª ed. São Paulo: Malheiros, 1997, 755p.

BRASIL. Supremo Tribunal Federal. *Jurisprudência Constitucional.* JSTF e Sites Oficiais, 1988 a 2002.

__________. *Jurisprudência Constitucional.* Informativos n. 263 a n. 280, 2002.

BRUNO NETO, Francisco. *Primeira Cartilha Acadêmica de Direito Constitucional.* 2ª ed. São Paulo: Ed. de Direito, 1999, 435p.

CANOTILHO, J. J. Gomes. *Direito Constitucional.* 6ª ed. Coimbra: Livraria Almedina, 1993, 1228p.

__________. *Constituição Dirigente e Vinculação do Legislador: Contributo para a Compreensão das Normas Constitucionais Programáticas.* Coimbra: Coimbra, 1994, 539p.

CERVO, Amado Luiz; BERVIAN, Pedro Alcino. *Metodologia Científica.* 4ª ed. São Paulo: MAKRON Books, 1996, 209p.

CHEMEMIAN, Ossana. *Ciências das Finanças e Direito Tributário — Resumo das Aulas.* São Paulo: Técia, 1999, 430p.

CONSTITUIÇÃO FEDERAL BRASILEIRA DE 1988. 7ª ed. São Paulo: Revista dos Tribunais, 2001, 266p.

DAMIÃO, Regina Toledo; HENRIQUES, Antonio. *Curso de Português Jurídico.* 8ª ed. São Paulo: Atlas, 2000, 291p.

DE PLÁCIDO E SILVA. *Vocabulário Jurídico.* 19ª ed. Rio de Janeiro: Forense, 2002, 877p.

DINIZ, Maria Helena. *Compêndio de Introdução ao Estudo do Direito.* 9ª ed. São Paulo: Saraiva, 1997, 578p.

DIREITO CONSTITUCIONAL, aulas de. São Paulo: Universidade de Santo Amaro — UNISA, 1999 e 2000.

__________. 9º Encontro de. *Tema — "Direito Público e Direito Constitucional no Mercosul".* São Paulo: Instituto Pimenta Bueno — USP, 2000.

__________. 10º Encontro de. *Tema — "Comissões Parlamentares de Inquérito — CPI's".* São Paulo: Instituto Pimenta Bueno — USP, 2001.

__________. 11º Encontro de. *Tema — "Jurisdição Constitucional".* São Paulo: Instituto Pimenta Bueno — USP, 2002.

__________. XXI Congresso Brasileiro de. *Tema — "Os Desafios do Direito Público para o Século XXI".* São Paulo: Instituto Brasileiro de Direito Constitucional — IBDC, 2000.

__________. XXII Congresso Brasileiro de. *Tema — "Transformações do Direito Público no Século XXI & Intervenção do Estado no Domínio Econômico".* São Paulo: Instituto Brasileiro de Direito Constitucional — IBDC, 2001.

__________. XXIII Congresso Brasileiro de. *Tema — "O Brasil à Espera de um Projeto Global".* São Paulo: Instituto Brasileiro de Direito Constitucional — IBDC, 2002.

DIREITO PRIVADO, aulas de Fundamentos de. São Paulo: Universidade de Santo Amaro — UNISA, 1998.

DIREITO PROCESSUAL, 4º Congresso de. *Tema — "O Processo em Debate".* São Paulo: Instituto Paulista de Magistrados — IPAM, 2001.

DIREITO PROCESSUAL CIVIL, aulas de. São Paulo: Universidade de Santo Amaro — UNISA, 2000.

FERRAZ, Sérgio. *Ação Direta de Inconstitucionalidade: Capacidade Postulatória. Direito Administrativo e Constitucional: Estudos em Homenagem a Geraldo Ataliba.* São Paulo: Malheiros, 1997.

FERREIRA Fº, Manoel Gonçalves. *Curso de Direito Constitucional.* 26ª ed. São Paulo: Saraiva, 1999, 369p.

__________. *Estado de Direito e Constituição.* São Paulo: Saraiva, 1988. 129p.

GUIMARÃES, Deocleciano Torrieri. *Dicionário Técnico Jurídico.* São Paulo: Rideel, 1998, 551p.

HÄBERLE, Peter. *Hermenêutica Constitucional. A Sociedade Aberta dos Intérpretes da Constituição: Contribuição para a Interpretação Pluralista e "Procedimental" da Constituição.* Trad. Gilmar Ferreira Mendes. Porto Alegre: Sérgio Antonio Fabris Editor, 2002 — reimpressão, 55p.

HENRIQUES, Antonio; MEDEIROS, João Bosco. *Monografia no Curso de Direito. Trabalho de Conclusão de Curso.* 2ª ed. São Paulo: Atlas, 2001, 243p.

__________; ANDRADE, Maria Margarida de. *Dicionário de Verbos Jurídicos.* 3ª ed. São Paulo: Atlas, 1999, 166p.

HOLANDA, Aurélio Buarque de. *Dicionário Aurélio. Novo Aurélio Século XXI. O Dicionário da Língua Portuguesa.* 3ª ed. totalmente revista e ampliada. Rio de Janeiro: Nova Fronteira, 1999, 2128p.

INTRODUÇÃO AO ESTUDO DO DIREITO, aulas de. São Paulo: Universidade de Santo Amaro — UNISA, 1998.

KELSEN, Hans. *Teoria Pura do Direito.* Trad. João Baptista Machado. Coimbra: Armênio Amado, 1979, 427p.

LAKATOS, Eva Maria; MARCONI, Marina de Andrade. *Fundamentos de Metodologia Científica.* 3ª ed. São Paulo: Atlas, 1991, 270p.

MANUAL de Normas e Padrões para Trabalhos Científicos da UNISA. São Paulo: Edição e Circulação Interna, 2002, 40p.

MARCÍLIO, Maria Luiza; PUSSOLI, Lafaiete. (coordenadores). *Cultura dos Direitos Humanos. Coleção Instituto Jacques Maritain.* São Paulo: LTr, 1998, 231p.

MARCONI, Marina de Andrade; LAKATOS, Eva Maria. *Metodologia Científica.* 3ª ed. São Paulo: Atlas, 2000, 289p.

MARTINS, Gilberto de Andrade. *Manual para Elaboração de Monografias e Dissertações.* 2ª ed. São Paulo: Atlas, 1994. 116p.

MARTINS, Ives Gandra da Silva. (Coordenador). *As Vertentes do Direito Constitucional Contemporâneo. Estudos em Homenagem a Manoel Gonçalves Ferreira Filho.* São Paulo: América Jurídica, 2002, 685p.

MEDEIROS, João Bosco. *Redação Científica. A Prática de Fichamentos, Resumos, Resenhas.* 4ª ed. São Paulo: Atlas, 2000, 237p.

MEIRELLES, Hely Lopes. *Mandado de Segurança, Ação Popular, Ação Civil Pública, Mandado de Injunção, "Habeas Data", Ação Direta e Inconstitucionalidade, Ação Declaratória de Constitucionalidade, Argüição de Descumprimento de Preceito Fundamental: Ações Constitucionais.* 23ª ed. São Paulo: Malheiros, 2001, 521p.

MEIRELLES TEIXEIRA, José Horácio. *Curso de Direito Constitucional.* 1ª ed. Rio de Janeiro: Forense Universitária, 1991, 785p.

MENDES, Gilmar Ferreira. *Jurisdição Constitucional: O Controle Abstrato de Normas no Brasil e na Alemanha.* São Paulo: Saraiva, 1996, 327p.

MIRANDA, Jorge. *Manual de Direito Constitucional.* 2ª ed. Coimbra: Coimbra, 1988, 418p.

MORAES, Alexandre de. *Direito Constitucional.* 8ª ed. São Paulo: Atlas, 2000, 798p.

__________. *Direitos Humanos Fundamentais. Teoria Geral. Comentários aos arts. 1º a 5º da Constituição da República Federativa do Brasil.* 3ª ed. São Paulo: Atlas, 2000. 320p.

__________. "Jurisdição Constitucional: Breves Notas Comparativas Sobre a Estrutura do Supremo Tribunal Federal e a Corte Suprema Norte-Americana". *Revista Direito Mackenzie.* v. 2, n. 2, 2001, pp. 37-61.

NERY JR., Nelson. *Código de Processo Civil Comentado e Legislação Processual Civil em Vigor.* 4ª ed. São Paulo: RT, 1999, 3007p.

NISHIYAMA, Adolfo Mamoru. "Aspectos Básicos do Controle de Constitucionalidade e dos Atos Normativos e Breve Análise da Lei n. 9.868, de 10.11.1999, e da Lei n. 9.882, de 3.12.1999". *RT/Fasc. Civ. v.* 788, n. 90, jun. 2001.

NUNES, Luiz Antonio Rizzato. *Manual da Monografia Jurídica.* São Paulo: Saraiva, 1997, 207p.

PAGANELLA, Marco Aurélio. "Direito Constitucional, Constituição e Normas Constitucionais: Aspectos Gerais". *Revista Direito UNISA. v.* 1, n. 2, 2001, pp. 34-78.

__________. *O Sistema Financeiro Nacional e as Taxas de Juros no Contexto da Ordem Jurídica e Econômica do Brasil.* Monografia — Direito Constitucional. São Paulo: Universidade de Santo Amaro — UNISA, 1999, 90p.

PINTO FERREIRA, Luiz. *Curso de Direito Constitucional.* 9ª ed. São Paulo: Saraiva, 1998, 600p.

REALE, Miguel. *Lições Preliminares de Direito.* 24ª ed. São Paulo: Saraiva, 1998, 393p.

RODRIGUES, Dirceu A. Victor. *Dicionário de Brocardos Jurídicos.* 6ª ed. São Paulo: Sugestões Literárias, 1970, 382p.

SEVERINO, Antônio Joaquim. *Metodologia do Trabalho Científico.* 21ª ed. São Paulo: Cortez, 2000, 279p.

SILVA, José Afonso da. *Aplicabilidade das Normas Constitucionais.* 2ª ed. São Paulo: RT, 1982, 270p.

__________. *Curso de Direito Constitucional Positivo.* 15ª ed. São Paulo: Malheiros, 1998. 876p.

TAVARES, André Ramos; ROTHENBURG, Walter Claudius. (Organizadores). *A Argüição de Descumprimento de Preceito Fundamental: Análise à Luz da Lei n. 9.882/99.* São Paulo: Atlas, 2001, 238p.

__________. *Tratado da Argüição de Preceito Fundamental.* São Paulo: Saraiva, 2001, 483p.

__________. *Tribunal e Jurisdição Constitucional.* São Paulo: Celso Bastos Editor — Instituto Brasileiro de Direito Constitucional — IBDC, 1998, 165p.

TEMER, Michel. *Elementos de Direito Constitucional.* 9ª ed. São Paulo: Malheiros, 1993, 223p.

VICTORIANO, Benedicto A. D.; GARCIA, Carla C. *Produzindo Monografia. Trabalho de Conclusão de Curso.* São Paulo: Publisher Brasil, 1998, 71p.

Produção Gráfica, Editoração Eletrônica e Revisão: **WTJ**
Capa: **ELIANA C. COSTA**
Impressão: **PROL**